HEYNE KOCHBÜCHER

Dr. Oetker

Torten & Kuchen

50 KLASSIKER

WILHELM HEYNE VERLAG
MÜNCHEN

Vorwort

Wenn die Freunde zum gemütlichen Kaffeeklatsch und die liebe Verwandtschaft am Sonntagnachmittag Ihr Wohnzimmer in Beschlag nehmen, dann haben Sie mit den klassischen Kuchen und Torten Ihren großen Auftritt. Damit Sie Ihre Liebsten so richtig beeindrucken können, haben wir die besten Rezepte für Sie zusammengetragen.

Inhaltsübersicht

Kuchen & Torten klassisch

Rehrücken

Zutaten:

Für den Rührteig:
100 g weiche Butter
150 g Zucker
1 Pck. Vanillin-Zucker
1 Prise Salz
4 Eier (Größe M)
50 g Weizenmehl
1 Pck. Pudding-Pulver Schokolade-Geschmack
2 gestr. TL Backpulver
2 EL Milch
100 g geriebene Zartbitter-Schokolade
75 g abgezogene, gemahlene Mandeln

Zum Bestreichen:
100 g Aprikosenkonfitüre
1 EL Wasser

Für den Guss:
130 g Zartbitter-Kuvertüre
15 g Kokosfett
25 g Vollmilch-Kuvertüre
½ TL Kokosfett

Zum Garnieren:
etwa 30 g Mandelstifte

1. Für den Teig die Butter mit Handrührgerät mit Rührbesen auf höchster Stufe geschmeidig rühren. Nach und nach Zucker, Vanillin-Zucker und Salz hinzufügen. So lange rühren, bis eine gebundene Masse entstanden ist. Eier nach und nach unterrühren (jedes Ei etwa ½ Minute). Mehl mit Pudding-Pulver und Backpulver mischen und sieben. Das Mehlgemisch abwechselnd portionsweise mit der Milch auf mittlerer Stufe unterrühren (nur so viel Milch verwenden, dass der Teig schwer-reißend vom Löffel fällt). Schokolade und Mandeln unter den Teig rühren und in eine gefettete, bemehlte Rehrückenform (30 x 11 cm) füllen. Die Form auf dem Rost in den Backofen schieben.

Ober-/Unterhitze:
160–180 °C (vorgeheizt)
Heißluft:
140–160 °C (nicht vorgeheizt)
Gas:
etwa Stufe 2 (nicht vorgeheizt)
Backzeit: 50–60 Minuten.

2. Den Kuchen nach dem Backen etwa 10 Minuten in der Form stehen lassen, auf einen Kuchenrost stürzen und erkalten lassen.

3. Zum Bestreichen die Aprikosenkonfitüre durch ein Sieb streichen, mit Wasser unter Rühren etwas einkochen lassen und den Rehrücken damit bestreichen.

4. Für den Guss die Zartbitter-Kuvertüre in kleine Stücke brechen, mit dem Kokosfett (15 g) in einem Topf im Wasserbad bei mittlerer Hitze schmelzen. Mit der Vollmilch-Kuvertüre und dem ½ TL Kokosfett ebenso verfahren. Den Kuchen mit der Zartbitter-Kuvertüre überziehen. Die Vollmilch-Kuvertüre in eine Papierspritztüte füllen und beliebig (z. B. in Punkten oder in Wellen) auf den noch feuchten Guss spritzen. Mit einem Holzstäbchen die Vollmilch-Kuvertüre in Schlaufen in die Zartbitter-Kuvertüre ziehen, so dass eine Marmorierung entsteht.

5. Zum Garnieren die Mandelstifte in den Rehrücken stecken.

Zutaten:

Für den Knetteig:
200 g Weizenmehl
½ gestr. TL Backpulver
100 g Zucker
1 Pck. Vanillin-Zucker
1 Eigelb (Größe M)
150 g Butter

Für die Käsemasse:
200 g weiche Butter
200 g Zucker
6 Eigelb (Größe M)
abgeriebene Schale von
1 Zitrone (unbehandelt)
750 g Speisequark
1 Becher (200 g)
Schlagsahne
2 geh. EL Speisestärke
6 Eiweiß (Größe M)

Käsekuchen

1. Für den Teig Mehl mit Backpulver mischen und in eine Schüssel sieben. Zucker, Vanillin-Zucker, Eigelb und Butter hinzufügen. Die Zutaten mit Handrührgerät mit Knethaken gut durcharbeiten und anschließend auf der Arbeitsfläche zu einem glatten Teig verkneten.

2. ⅔ des Teiges auf dem Boden einer Springform (Ø 28 cm, gefettet) ausrollen, mehrmals mit einer Gabel einstechen. Mit Springformrand backen.

Ober-/Unterhitze:
200–220 °C (vorgeheizt)
Heißluft:
180–200 °C (vorgeheizt)
Gas:
etwa Stufe 4 (vorgeheizt)
Backzeit: 15–20 Minuten.
Boden auskühlen lassen.

3. Den übrigen Teig zu einer Rolle formen, sie als Rand auf den vorgebackenen Boden legen, so an die Form drücken, dass ein etwa 4 cm hoher Rand entsteht.

4. Für die Käsemasse Butter mit Handrührgerät mit Rührbesen geschmeidig rühren. Nach und nach Zucker, Eigelb und Zitronenschale unterrühren. Zunächst Speisequark und Sahne, dann Speisestärke unterrühren. Eiweiß steif schlagen und unterheben. Masse in die Form füllen und glatt streichen.

Ober-/Unterhitze:
etwa 160 °C (vorgeheizt)
Heißluft:
etwa 140 °C (nicht vorgeheizt)
Gas:
Stufe 2–3 (nicht vorgeheizt)
Backzeit: etwa 80 Minuten.

5. Gebäck in der Form auf einen Kuchenrost stellen, erkalten lassen. Den Rand vorsichtig mit einem Messer lösen.

Zutaten:

Für den Teig:
250 g weiche Butter
200 g Zucker
1 Pck. Vanillin-Zucker
1 Prise Salz
5 Eier (Größe M)
500 g Weizenmehl
4 gestr. TL Backpulver
etwa 50 ml Milch
150 g Korinthen
150 g Rosinen

Für den Guss:
200 g Puderzucker
30 g Kakaopulver
etwa 3 EL heißes Wasser
25 g Kokosfett

Rodonkuchen

1. Für den Teig Butter mit Handrührgerät mit Rührbesen auf höchster Stufe geschmeidig rühren. Nach und nach Zucker, Vanillin-Zucker und Salz unterrühren. So lange rühren, bis eine gebundene Masse entstanden ist.

2. Eier nach und nach unterrühren (jedes Ei etwa ½ Minute). Mehl mit Backpulver mischen, sieben und abwechselnd esslöffelweise mit Milch auf mittlerer Stufe unterrühren (nur so viel Milch verwenden, dass der Teig schwer-reißend vom Löffel fällt).

3. Korinthen und Rosinen vorsichtig unter den Teig rühren und ihn in eine gefettete Napfkuchenform (Ø etwa 24 cm) füllen, backen.

Ober-/Unterhitze:
etwa 180 °C (vorgeheizt)
Heißluft:
etwa 160 °C (nicht vorgeheizt)
Gas: Stufe 2–3 (nicht vorgeheizt)
Backzeit: 50–60 Minuten.

4. Den Kuchen 10 Minuten in der Form stehen lassen, auf einen Kuchenrost stürzen und erkalten lassen.

5. Für den Guss Puderzucker mit Kakao mischen, sieben, mit Wasser glatt rühren, so dass eine dickflüssige Masse entsteht. Kokosfett zerlassen und unterrühren. Den Kuchen damit überziehen.

Zutaten:

Für den Rührteig:
250 g weiche Butter
oder Margarine
125 g Zucker
1 Pck. Vanillin-Zucker
1 Prise Salz
4 Eier (Größe M)
2 EL Rum
250 g Weizenmehl
3 TL Kakaopulver
1 TL gemahlener Zimt
½ Pck. Backpulver
150 g Raspelschokolade
100 g abgezogene,
gehackte Mandeln
125 ml (⅛ l) Rotwein

Rotweinkuchen

1. Butter oder Margarine mit Handrührgerät mit Rührbesen auf höchster Stufe in etwa ½ Minute geschmeidig rühren, nach und nach Zucker, Vanillin-Zucker und Salz unterrühren. So lange rühren, bis eine gebundene Masse entstanden ist.

2. Eier nach und nach unterrühren (jedes Ei etwa ½ Minute). Rum hinzufügen.

3. Mehl mit Kakao, Zimt und Backpulver mischen, sieben, abwechselnd esslöffelweise mit Schokolade, Mandeln und Rotwein auf mittlerer Stufe unterrühren. Den Teig in eine gefettete, mit Pergamentpapier oder Backpapier ausgelegte Kastenform (30 x 11 cm) füllen, die Form auf dem Rost in den Backofen schieben.

Ober-/Unterhitze:
etwa 180 °C (vorgeheizt)
Heißluft:
etwa 160 °C (nicht vorgeheizt)
Gas: Stufe 2–3 (nicht vorgeheizt)
Backzeit: 70–75 Minuten.

4. Den Kuchen etwa 10 Minuten in der Form stehen lassen, dann aus der Form lösen und auf einem Kuchenrost erkalten lassen.

Tipp

Den erkalteten Kuchen mit einem Rotweinguss überziehen. Dafür 100 g gesiebten Puderzucker mit etwa 4 EL Rotwein zu einer dickflüssigen Masse verrühren.

Feiner Gugelhupf

Zutaten:

Für den Hefeteig:
1 Pck. Trockenhefe
1 TL Zucker
200 ml lauwarme Milch
500 g Weizenmehl
150 g Zucker
1 Pck. Vanillin-Zucker
6 Tropfen Zitronen-Aroma
1 Prise Salz
4 Eier (Größe M)
200 g zerlassene, abgekühlte Butter
150 g verlesene Rosinen
50 g verlesene Korinthen
100 g nicht abgezogene, grob gehackte Mandeln

Zum Bestäuben:
Puderzucker

1. Für den Teig Hefe, Zucker (1 TL) und Milch in einer kleinen Schüssel sehr sorgfältig anrühren, etwa 15 Minuten bei Zimmertemperatur stehen lassen.

2. Das Mehl in eine große Rührschüssel sieben, in die Mitte eine Vertiefung eindrücken. Die übrigen Zutaten an den Rand des Mehls geben. Die angesetzte Hefe in die Vertiefung geben. Die Zutaten mit Handrührgerät mit Knethaken zunächst auf niedrigster, dann auf höchster Stufe in etwa 5 Minuten zu einem Teig verarbeiten. Teig abgedeckt so lange an einem warmen Ort stehen lassen, bis er sich sichtbar vergrößert hat.

3. Den Teig nochmals gut durchkneten und in eine gefettete Napfkuchenform (Ø 24 cm) füllen, so lange an einem warmen Ort gehen lassen, bis er sich sichtbar vergrößert hat, auf dem Rost in den Backofen schieben.

Ober-/Unterhitze:
etwa 180 °C (vorgeheizt)
Heißluft:
etwa 160 °C (nicht vorgeheizt)
Gas: Stufe 2–3 (nicht vorgeheizt)
Backzeit: etwa 1 Stunde.

4. Den Gugelhupf etwa 10 Minuten in der Form stehen lassen, auf einen Kuchenrost stürzen, auskühlen lassen und mit Puderzucker bestäuben.

Zutaten:

Marmorkuchen

Für den Rührteig:
275 g weiche Butter
200 g Zucker
1 Pck. Vanillin-Zucker
½ Fläschchen Rum-Aroma oder 2 EL Rum
1 Prise Salz
5 Eier (Größe M)
300 g Weizenmehl
2 ½ gestr. TL Backpulver
1–2 EL Milch
15–20 g Kakaopulver
1 EL Zucker
2 EL Milch

Für die Glasur:
200 g weiße Kuvertüre
10–15 g Kokosfett
etwa 15 g Zartbitter-Kuvertüre

1. Für den Rührteig Butter mit Handrührgerät mit Rührbesen geschmeidig rühren. Zucker, Vanillin-Zucker, Rum-Aroma oder Rum und Salz hinzufügen, rühren, bis eine gebundene Masse entstanden ist. Eier nach und nach unterrühren (jedes Ei etwa ½ Minute). Mehl mit Backpulver mischen, sieben und abwechselnd portionsweise mit der Milch auf mittlerer Stufe unterrühren (nur so viel Milch verwenden, dass der Teig schwer-reißend von einem Löffel fällt). ⅔ des Teiges in eine gefettete, bemehlte Kastenkuchenform (30 x 11 cm) füllen. Kakao sieben, mit Zucker und Milch unter den Rest des Teiges rühren, so dass er wieder schwer-reißend vom Löffel fällt. Den dunklen Teig auf dem hellen Teig verteilen und mit einer Gabel spiralförmig durch die Teigschichten ziehen, damit ein Marmormuster entsteht. Die Form auf dem Rost in den Backofen schieben.

Ober-/Unterhitze:
etwa 180 °C (vorgeheizt)
Heißluft:
etwa 160 °C (nicht vorgeheizt)
Gas: Stufe 2–3 (nicht vorgeheizt)
Backzeit: 55–70 Minuten.

2. Den Kuchen etwa 10 Minuten in der Form stehen lassen, auf einen Kuchenrost stürzen und erkalten lassen.

3. Für die Glasur die weiße Kuvertüre mit dem Kokosfett in einem Topf im Wasserbad bei milder Hitze schmelzen. Die Zartbitter-Kuvertüre ebenfalls in einem Topf im Wasserbad schmelzen. Den Marmorkuchen mit der weißen Kuvertüre überziehen. Die Zartbitter-Kuvertüre in kleinen Punkten auf den noch feuchten Guss geben. Mit einem Zahnstocher die Punkte in mehreren Richtungen auseinander ziehen, so dass kleine Sterne entstehen.

Apfelkuchen

Zutaten:

Für den Rührteig:
200 g weiche Butter oder Margarine
200 g Zucker
1 Pck. Vanillin-Zucker
abgeriebene Schale von 1 Zitrone (unbehandelt)
4 Eier (Größe M)
200 g Weizenmehl
½ gestr. TL Backpulver
Semmelbrösel

Für die Füllung:
800 g säuerliche Äpfel, z. B. Gravensteiner

Zum Aprikotieren:
3 EL Aprikosenkonfitüre

Zum Bestreuen:
100 g abgezogene, gehobelte, gebräunte Mandeln

Zum Bestäuben:
gesiebter Puderzucker

1. Für den Teig Butter oder Margarine mit Handrührgerät mit Rührbesen geschmeidig rühren. Nach und nach Zucker, Vanillin-Zucker und Zitronenschale unterrühren, so lange rühren, bis eine gebundene Masse entstanden ist.

2. Eier nach und nach unterrühren (jedes Ei etwa ½ Minute). Mehl mit Backpulver mischen, sieben und portionsweise auf mittlerer Stufe unterrühren. Knapp die Hälfte des Teiges in eine Springform (Ø 26 cm, Boden gefettet, mit Semmelbröseln ausgestreut) füllen und glatt streichen.

3. Für die Füllung Äpfel schälen, vierteln, entkernen, in Spalten schneiden und auf den Teig legen. Die andere Teighälfte darauf verteilen und glatt streichen. Die Form auf dem Rost in den Backofen schieben.

Ober-/Unterhitze:
180–200 °C (vorgeheizt)
Heißluft:
160–180 °C (nicht vorgeheizt)
Gas:
etwa Stufe 3 (nicht vorgeheizt)
Backzeit: 40–45 Minuten.

4. Den Kuchen aus der Form lösen und mit dem Springformboden auf einen Kuchenrost stellen.

5. Zum Aprikotieren Konfitüre unter Rühren erwärmen. Den noch heißen Kuchen (auch den Rand) damit bestreichen und mit Mandeln bestreuen.

6. Den Kuchen erkalten lassen und mit Puderzucker bestäuben.

Kirsch-Schoko-Mandelkuchen

Zutaten:

Für den Rührteig:
200 g weiche Butter
175 g Zucker
1 Pck. Vanillin-Zucker
½ Fläschchen Rum-Aroma
1 Prise Salz
4 Eier (Größe M)
125 g Weizenmehl
1 gestr. TL Backpulver
100 g geriebene Blockschokolade
100 g abgezogene, gemahlene Mandeln

Für den Belag:
1 Glas Sauerkirschen (Abtropfgewicht 370 g)

Puderzucker
200 ml Schlagsahne
1 Pck. Sahnesteif
etwas Zucker
Raspelschokolade

1. Für den Teig Butter mit Handrührgerät mit Rührbesen geschmeidig rühren. Nach und nach Zucker, Vanillin-Zucker und Gewürze hinzufügen. So lange rühren, bis eine gebundene Masse entstanden ist. Eier nach und nach unterrühren (jedes Ei etwa ½ Minute).

2. Mehl und Backpulver mischen, sieben, esslöffelweise unterrühren. Schokolade und Mandeln unterrühren. Teig in eine Springform (Ø 26 cm, Boden gefettet) geben, glatt streichen.

3. Für den Belag Sauerkirschen gut abtropfen lassen, auf dem Teig verteilen (etwa 1 cm am Rand frei lassen).

Ober-/Unterhitze:
180–200 °C (vorgeheizt)
Heißluft:
160–180 °C (nicht vorgeheizt)
Gas:
etwa Stufe 3 (nicht vorgeheizt)
Backzeit: 35–45 Minuten.

4. Kuchen aus der Form lösen, auf einem Kuchenrost erkalten lassen, vor dem Servieren mit Puderzucker bestäuben. Sahne mit Sahnesteif und Zucker steif schlagen. Kuchen damit verzieren, nach Belieben mit geraspelter Schokolade bestreuen.

Russischer Zupfkuchen

Zutaten:

Für den Knetteig:
300 g Weizenmehl
25 g Kakaopulver
1 gestr. TL Backpulver
125 g Zucker
1 Pck. Vanillin-Zucker
1 Fläschchen Butter-Vanille-Aroma
1 Prise Salz
1 Ei (Größe M)
200 g weiche Butter oder Margarine

Für die Füllung:
1 kg Speisequark
200 g Zucker
1 Pck. Vanillin-Zucker
4 Eier (Größe M)
1 Pck. Käsekuchen-Hilfe
125 g zerlassene, abgekühlte Butter

1. Für den Teig Mehl, Kakao- und Backpulver mischen, in eine Rührschüssel sieben. Die übrigen Zutaten hinzufügen, mit Handrührgerät mit Knethaken gut durcharbeiten, anschließend auf der Arbeitsfläche zu einem glatten Teig verkneten. Gut ⅓ des Teiges auf dem Boden einer Springform (Ø 28 cm, Boden gefettet) ausrollen. Den Springformrand darumstellen.

2. Aus ⅓ des übrigen Teiges eine Rolle formen, auf den Rand des Teigbodens legen, so an die Form drücken, dass ein etwa 4 cm hoher Rand entsteht.

3. Für die Füllung Zutaten in eine Rührschüssel geben, mit Handrührgerät mit Rührbesen zu einer einheitlichen Masse verrühren, in die Form geben, glatt streichen. Den restlichen Teig in Stücke „zupfen", auf der Füllung verteilen. Die Form auf dem Rost in den Backofen schieben.

Ober-/Unterhitze:
160–180 °C (vorgeheizt)
Heißluft:
140–160 °C (nicht vorgeheizt)
Gas:
etwa Stufe 2 (nicht vorgeheizt)
Backzeit: etwa 1 Stunde.

4. Kuchen 10 Minuten in der Form auf einem Kuchenrost auskühlen lassen. Springformrand entfernen, Boden lösen, Kuchen erkalten lassen.

Sandkuchen

Zutaten:

Für den Teig:
250 g Butter
200 g Zucker
1 Pck. Vanillin-Zucker
4 Eier (Größe M)
1 Prise Salz
einige Tropfen Zitronen- oder Rum-Aroma
125 g Weizenmehl
125 g Speisestärke
½ gestr. TL Backpulver

Für den Guss:
100 g Zartbitter-Schokolade
etwas Kokosfett

1. Für den Teig Butter zerlassen und in eine Rührschüssel geben. Das wieder etwas fest gewordene Fett mit Handrührgerät mit Rührbesen auf höchster Stufe geschmeidig rühren. Nach und nach Zucker und Vanillin-Zucker unterrühren. So lange rühren, bis Fett und Zucker weißschaumig geworden sind.

2. Eier nach und nach (jedes Ei etwa ½ Minute) unterrühren, Salz und Aroma hinzufügen. Mehl mit Speisestärke und Backpulver mischen, sieben und portionsweise auf mittlerer Stufe unterrühren.

3. Teig in eine gefettete, mit Backpapier ausgelegte Kastenform (30 x 11 cm) füllen. Form auf dem Rost in den Backofen schieben.

Ober-/Unterhitze:
160–180 °C (vorgeheizt)
Heißluft:
140–160 °C (nicht vorgeheizt)
Gas:
etwa Stufe 2 (nicht vorgeheizt)
Backzeit: 65–75 Minuten.

4. Den Kuchen nach dem Backen etwa 10 Minuten in der Form stehen lassen, auf einen Kuchenrost legen und erkalten lassen.

5. Für den Guss Schokolade in kleine Stücke brechen, mit etwas Kokosfett in einem kleinen Topf im Wasserbad bei schwacher Hitze zu einer geschmeidigen Masse verrühren und den erkalteten Kuchen damit überziehen.

Beigabe: Schlagsahne.

Tipp

Eine Preiselbeersahne dazureichen. Dafür unter 250 ml (¼ l) mit Sahnesteif steif geschlagene Schlagsahne 2–3 EL Preiselbeeren (aus dem Glas) und etwas Zitronensaft rühren.

Rueblitorte (Möhrentorte)

Zutaten:

Für den Biskuitteig:
7 Eigelb (Größe M)
200 g Zucker
1 Pck. Bourbon Vanille-Zucker
½ Fläschchen Zitronen-Aroma
1 Prise Salz
400 g gemahlene Haselnusskerne
400–500 g vorbereitete, fein geriebene Möhren
100 g Weizenmehl
1 gestr. TL Backpulver
75 g Rum-Rosinen
7 Eiweiß (Größe M)
2–3 EL Kirschwasser

gemahlene Haselnusskerne

Puderzucker
gemahlene Pistazienkerne
kleine blanchierte Möhren mit Grün

1. Für den Teig Eigelb, Zucker, Vanille-Zucker, Aroma und Salz mit Handrührgerät mit Rührbesen cremig schlagen. Haselnusskerne und Möhren unterrühren. Mehl mit Backpulver mischen, sieben, auf mittlerer Stufe unterheben, zuletzt die Rum-Rosinen. Das zu steifem Schnee geschlagene Eiweiß und Kirschwasser unterziehen.

2. Den Teig in eine Rosettenform oder Springform (Ø 26 cm, gut gefettet, mit gemahlenen Haselnusskernen ausgestreut) füllen, glatt streichen.

Ober-/Unterhitze:
180–200 °C (vorgeheizt)
Heißluft:
160–180 °C (nicht vorgeheizt)
Gas:
etwa Stufe 3 (nicht vorgeheizt)
Backzeit: etwa 1 Stunde.

3. Das Gebäck etwa 10 Minuten in der Form stehen lassen, auf einen mit Backpapier belegten Kuchenrost stürzen, erkalten lassen. Kurz vor dem Servieren mit Puderzucker bestäuben, mit Pistazien bestreuen und mit Möhren garnieren.

Beigabe: Schlagsahne.

Tipp

Die Rueblitorte kann 1–2 Tage vor dem Verzehr zubereitet werden.

Ottilienkuchen

Zutaten:

Für den Rührteig:
250 g weiche Butter oder Margarine
200 g Zucker
1 Pck. Vanillin-Zucker
½ Fläschchen Rum-Aroma
1 Prise Salz
4 Eier (Größe M)
200 g Weizenmehl
50 g Speisestärke
1 gestr. TL Backpulver
100 g Zartbitter-Schokolade
100 g abgezogene, gemahlene Mandeln
50 g fein gewürfeltes Zitronat (Sukkade)

Puderzucker

1. Butter oder Margarine mit Handrührgerät mit Rührbesen geschmeidig rühren, nach und nach Zucker, Vanillin-Zucker und Gewürze unterrühren. So lange rühren, bis eine gebundene Masse entstanden ist. Eier nach und nach unterrühren (jedes Ei etwa ½ Minute).

2. Mehl mit Speisestärke und Backpulver mischen, sieben, portionsweise auf mittlerer Stufe unterrühren.

3. Schokolade klein schneiden, mit Mandeln und Zitronat vorsichtig unter den Teig rühren. Den Teig in eine gefettete, mit Backpapier ausgelegte Kastenform (30 x 11 cm) füllen, auf dem Rost in den Backofen schieben.

Ober-/Unterhitze:
160–180 °C (vorgeheizt)
Heißluft:
140–160 °C (nicht vorgeheizt)
Gas:
etwa Stufe 2 (nicht vorgeheizt)
Backzeit: 65–75 Minuten.

4. Den Kuchen nach dem Backen aus der Form nehmen, auf einem Kuchenrost erkalten lassen und mit Puderzucker bestäuben.

Schneckenkuchen vom Blech

Zutaten:

Für den Hefeteig:
500 g Weizenmehl
1 Pck. Trockenhefe
50 g Zucker
1 Pck. Vanillin-Zucker
1 Prise Salz
2 Eier (Größe M)
125 ml (1/8 l) lauwarme Milch
100 g zerlassene, abgekühlte Butter oder Margarine

Für die Füllung:
2 Pck. Pudding-Pulver Vanille-Geschmack
750 ml (3/4 l) Milch
80 g Zucker
100 g Rosinen

Zum Aprikotieren:
3 EL Aprikosenkonfitüre
2 EL Wasser

1. Für den Teig Mehl in eine Rührschüssel sieben, mit der Trockenhefe sorgfältig vermischen. Alle übrigen Zutaten hinzufügen, mit Handrührgerät mit Knethaken zu einem Teig verarbeiten.

2. Teig zugedeckt so lange an einem warmen Ort stehen lassen, bis er sich sichtbar vergrößert hat.

3. Für die Füllung Pudding nach Anleitung auf dem Päckchen (jedoch nur mit 3/4 l Milch und 80 g Zucker) zubereiten, während des Erkaltens ab und zu durchrühren. Rosinen unterrühren.

4. Den Teig leicht mit Mehl bestäuben, aus der Schüssel nehmen, auf der Arbeitsfläche nochmals kurz durchkneten, zu einem Rechteck (40 x 60 cm) ausrollen.

5. Mit dem Pudding bestreichen. Den Teig von der längeren Seite her aufrollen, in knapp 1,5 cm breite Scheiben schneiden, dachziegelartig auf ein gefettetes Backblech legen, nochmals so lange gehen lassen, bis sich der Teig sichtbar vergrößert hat. Das Backblech in den Backofen schieben.

Ober-/Unterhitze:
200–220 °C (vorgeheizt)
Heißluft:
180–200 °C (vorgeheizt)
Gas: etwa Stufe 4 (vorgeheizt)
Backzeit: 15–20 Minuten.

6. Konfitüre durch ein Sieb streichen, mit dem Wasser etwas einkochen lassen. Das Gebäck sofort nach dem Backen damit bestreichen. Den Kuchen erkalten lassen.

Zutaten:

5 Eier (Größe M)
250 g gesiebter Puderzucker
2 Pck. Vanillin-Zucker
250 ml (¼ l) Speiseöl
250 ml (¼ l) Eierlikör
125 g Weizenmehl
125 g Speisestärke
4 gestr. TL Backpulver
40 g Puderzucker

Eierlikörkuchen

1. Eier, Puderzucker und Vanillin-Zucker mit Handrührgerät mit Rührbesen auf höchster Stufe in 1 Minute schaumig rühren. Öl und Eierlikör unterrühren. Mehl mit Speisestärke und Backpulver mischen, sieben, portionsweise auf mittlerer Stufe unterrühren.

2. Den Teig in eine gefettete, mit Mehl ausgestreute Napfkuchenform (Ø 24 cm) füllen. Die Form auf dem Rost in den Backofen schieben und sofort backen.

Ober-/Unterhitze:
180–200 °C (vorgeheizt)
Heißluft:
160–180 °C (nicht vorgeheizt)
Gas:
etwa Stufe 3 (nicht vorgeheizt)
Backzeit: etwa 1 Stunde.

3. Den Kuchen etwa 10 Minuten in der Form stehen lassen, auf einen mit Backpapier belegten Kuchenrost stürzen und erkalten lassen. Mit dem Puderzucker bestäuben.

Zutaten:

Für den Rührteig:
250 g Haselnusskerne
250 g weiche Butter
175 g Zucker
1 Pck. Vanillin-Zucker
1 Prise Salz
4 Eier (Größe M)
200 g Weizenmehl
1 gestr. TL Backpulver

5 EL Rum

Zum Aprikotieren:
4 EL Aprikosenkonfitüre
3 EL Wasser

Für den Guss:
100 g Schokolade
25 g Kokosfett

Omas Nusskuchen

1. 150 g Haselnusskerne mahlen und auf einem Backblech im Backofen leicht rösten. Die restlichen Haselnusskerne fein hacken.

2. Butter mit Handrührgerät mit Rührbesen auf höchster Stufe geschmeidig rühren, nach und nach Zucker, Vanillin-Zucker und Salz unterrühren und so lange rühren, bis eine gebundene Masse entstanden ist. Eier nach und nach unterrühren (jedes Ei etwa ½ Minute).

3. Mehl mit Backpulver mischen, sieben und portionsweise auf mittlerer Stufe unterrühren. Alle Haselnusskerne unter den Teig heben, den Teig in eine gefettete, mit Backpapier ausgelegte Kastenform (30 x 11 cm) füllen und die Form auf dem Rost in den Backofen schieben.

Ober-/Unterhitze:
180–200 °C (vorgeheizt)
Heißluft:
160–180 °C (nicht vorgeheizt)
Gas: Stufe 3–4 (nicht vorgeheizt)
Backzeit: 60–70 Minuten.

4. Den Kuchen nach dem Backen aus der Form heben, mehrmals mit einem Holzstäbchen einstechen und von allen Seiten mit Rum bestreichen.

5. Zum Aprikotieren Aprikosenkonfitüre durch ein Sieb streichen, mit Wasser verrühren, aufkochen lassen, den Kuchen damit bestreichen und gut auskühlen lassen.

6. Für den Guss Schokolade in kleine Stücke brechen, mit Kokosfett in einem kleinen Topf im Wasserbad bei schwacher Hitze zu einer geschmeidigen Masse verrühren und den erkalteten Kuchen damit bestreichen.

Butterkuchen

Zutaten:

Für den Quark-Öl-Teig:
300 g Weizenmehl
1 Pck. Backpulver
150 g Magerquark
75 ml Milch
75 ml Speiseöl
75 g Zucker
1 Pck. Vanillin-Zucker
1 Prise Salz
75 g Rosinen

Für den Belag:
125 g Butter
75 g Zucker
1 Pck. Vanillin-Zucker
50 g abgezogene, gehobelte Mandeln

1. Für den Teig Mehl mit Backpulver mischen und in eine Rührschüssel sieben. Quark, Milch, Öl, Zucker, Vanillin-Zucker und Salz hinzufügen, mit Handrührgerät mit Knethaken auf höchster Stufe in etwa 1 Minute zu einem glatten Teig verarbeiten (nicht zu lange, Teig klebt sonst).

2. Die Rosinen unterkneten und den Teig zu einer Rolle formen. Den Teig auf einem Backblech (30 x 40 cm, gefettet, mit Backpapier belegt) ausrollen.

3. Für den Belag Butter in Flöckchen gleichmäßig auf den Teig legen oder zerlassen und abgekühlt darauf streichen. Zucker mit Vanillin-Zucker mischen und ebenso wie die Mandeln gleichmäßig auf dem Teig verteilen. Vor den Teig einen mehrfach geknickten Streifen Alufolie legen. Das Backblech in den Backofen schieben.

Ober-/Unterhitze:
etwa 180 °C (vorgeheizt)
Heißluft:
etwa 160 °C (vorgeheizt)
Gas: Stufe 2–3 (vorgeheizt)
Backzeit: etwa 20 Minuten.

4. Das Backblech auf einen Kuchenrost stellen und den Kuchen erkalten lassen.

Streuselkuchen

Zutaten:

Für den Teig:
375 g Weizenmehl
1 Pck. Trockenhefe
50 g Zucker
1 Pck. Vanillin-Zucker
1 Prise Salz
1 Ei (Größe M)
200 ml lauwarme Milch
50 g zerlassene, abgekühlte Butter

Zum Bestreichen:
20 g zerlassene Butter

Für die Streusel:
300 g Weizenmehl
150 g Zucker
1 Pck. Vanillin-Zucker
200 g weiche Butter
10 g Kakaopulver

Zum Beträufeln:
125 ml (⅛ l) Milch
60 g Butter
100 g zerlassene Butter
50 g Puderzucker

1. Für den Teig Mehl in eine Rührschüssel sieben, mit der Hefe sorgfältig vermischen. Die restlichen Zutaten hinzufügen. Die Zutaten mit Handrührgerät mit Knethaken in etwa 5 Minuten zu einem Teig verarbeiten. Den Teig zugedeckt so lange an einem warmen Ort stehen lassen, bis er sich sichtbar vergrößert hat. Auf einer Arbeitsfläche nochmals kurz durchkneten und auf einem gefetteten Backblech (30 x 40 cm) ausrollen, mit der Butter bestreichen. Vor den Teig einen mehrfach umgeknickten Streifen Alufolie legen.

2. Für die Streusel Mehl in eine Rührschüssel sieben, mit Zucker und Vanillin-Zucker mischen. Die Butter hinzufügen, alle Zutaten mit Handrührgerät mit Knethaken zu Streuseln von gewünschter Größe verarbeiten. Die Hälfte der Streusel großzügig auf dem Teig verteilen. Unter die restlichen Streusel gesiebtes Kakaopulver arbeiten. Die Lücken damit füllen, so dass ein schwarz-weißes Muster entsteht. Den Teig nochmals an einem warmen Ort gehen lassen, bis er sich sichtbar vergrößert hat.

Ober-/Unterhitze:
200–220 °C (vorgeheizt)
Heißluft:
180–200 °C (vorgeheizt)
Gas: etwa Stufe 4 (vorgeheizt)
Backzeit: 15–20 Minuten.

3. Zum Beträufeln Milch erhitzen, die Butter (60 g) darin auflösen. Den noch heißen Kuchen damit beträufeln, das Backblech auf einen Kuchenrost stellen und erkalten lassen. Den erkalteten Kuchen mit der zerlassenen Butter bestreichen und mit dem Puderzucker bestäuben.

Käse-Sahnetorte

Zutaten:

Für den Rührteig:
150 g weiche Butter
150 g Zucker
1 Pck.Vanillin-Zucker
1 Prise Salz
3 Eier (Größe M)
125 g Weizenmehl
25 g Speisestärke
1 gestr. TL Backpulver

Für die Füllung:
12 Blatt weiße Gelatine
2 Eigelb (Größe M)
8–10 EL Zitronensaft
150 g Zucker
1 Pck. Vanillin-Zucker
500 g Magerquark
500 g Sahnequark
abgeriebene Schale von
1 Zitrone (unbehandelt)
500 ml (½ l) Schlagsahne
2 Eiweiß (Größe M)
Puderzucker

1. Für den Teig die Butter mit Handrührgerät mit Rührbesen auf höchster Stufe in etwa ½ Minute geschmeidig rühren, nach und nach Zucker, Vanillin-Zucker und Salz unterrühren, bis eine gebundene Masse entstanden ist. Eier nach und nach unterrühren (jedes Ei etwa ½ Minute). Mehl mit Speisestärke und Backpulver mischen, sieben und esslöffelweise auf mittlerer Stufe unterrühren. Den Teig in eine gefettete Springform (Ø 26–28 cm) füllen, glatt streichen. Die Form auf dem Rost in den Backofen schieben.

Ober-/Unterhitze:
180–200 °C (vorgeheizt)
Heißluft:
160–180 °C (vorgeheizt)
Gas: etwa Stufe 3 (vorgeheizt)
Backzeit: 25–30 Minuten.

2. Das Gebäck aus der Form lösen, auf einen mit Backpapier belegten Kuchenrost stürzen und erkalten lassen. Den erkalteten Tortenboden einmal durchschneiden.

3. Für die Füllung die Gelatine nach Packungsanleitung einweichen. Eigelb mit Zitronensaft, Zucker und Vanillin-Zucker cremig rühren. Quark und Zitronenschale unterrühren. Die Gelatine im Wasserbad bei mittlerer Hitze auflösen, mit etwas von der Quarkmasse verrühren und unter die restliche Quarkmasse rühren. Sahne und Eiweiß getrennt steif schlagen, unter die Quarkmasse heben. Um den Tortenboden einen Tortenrand stellen, evtl. mit Streifen von Backpapier auskleiden, die Quarkmasse einfüllen und glatt streichen. Den oberen Tortenboden in 16 Stücke schneiden, auf die Füllung legen. Die Torte mehrere Stunden kalt stellen, mit Puderzucker bestäuben und servieren.

Tipp

Vor dem Einfüllen der Quarkmasse, abgetropfte Sauerkirschen oder Mandarinen auf den Tortenboden geben.

Linzer Torte

Zutaten:

Für den Knetteig:
200 g Weizenmehl
1 gestr. TL Backpulver
125 g Zucker
1 Pck. Vanillin-Zucker
2 Tropfen Bittermandel-Aroma
1 Msp. gemahlene Nelken
1 TL gemahlener Zimt
1 Prise Salz
1 Eigelb (Größe M)
2 Eiweiß (Größe M)
125 g weiche Butter
125 g nicht abgezogene, gemahlene Mandeln

Zum Bestreichen:
100 g Himbeerkonfitüre
1 Eigelb (Größe M)
1 TL Milch

1. Für den Teig Mehl mit Backpulver mischen, in eine Rührschüssel sieben. Zucker, Vanillin-Zucker, Bittermandel-Aroma, Nelken, Zimt, Salz, Eigelb, Eiweiß, Butter und Mandeln hinzufügen. Die Zutaten mit Handrührgerät mit Knethaken gut durcharbeiten. Auf der Arbeitsfläche zu einem glatten Teig verkneten.

2. Knapp die Hälfte des Teiges zu einer Platte in der Größe der Springform (Ø 28 cm) ausrollen. 16–20 Streifen daraus rädern. Den übrigen Teig auf dem gefetteten Springformboden ausrollen, mit Himbeerkonfitüre bestreichen, dabei am Rand etwa 1 cm Teig frei lassen. Die Teigstreifen gitterförmig über die Konfitüre legen.

3. Eigelb mit Milch verschlagen, die Teigstreifen damit bestreichen. Die Form auf dem Rost in den Backofen schieben.

Ober-/Unterhitze:
etwa 180 °C (vorgeheizt)
Heißluft:
etwa 160 °C (vorgeheizt)
Gas: Stufe 2–3 (vorgeheizt)
Backzeit: 25–30 Minuten.

4. Das Gebäck 10 Minuten in der Form stehen lassen, aus der Form lösen und auf einem Kuchenrost erkalten lassen.

Beigabe: Schlagsahne.

Schwarzwälder Kirschtorte

Zutaten:

Für den Knetteig:
125 g Weizenmehl
10 g Kakaopulver
1 Msp. Backpulver
50 g Zucker
1 Pck. Vanillin-Zucker
1 Prise Salz
75 g weiche Butter

Für den Biskuitteig:
4 Eier (Größe M)
2 EL heißes Wasser
100 g Zucker
1 Pck. Vanillin-Zucker
75 g Weizenmehl
30 g Speisestärke
10 g Kakaopulver
1 Msp. gemahlener Zimt
½ gestr. TL Backpulver

Für die Füllung:
2 Gläser (je 370 g Abtropfgewicht) entsteinte Sauerkirschen
30 g Speisestärke
etwa 25 g Zucker
etwa 3 EL Kirschwasser
750 ml (¾ l) Schlagsahne
3 Pck. Sahnesteif
50 g Puderzucker
1 Pck. Vanillin-Zucker
30–50 g geraspelte Schokolade

1. Für den Knetteig Mehl mit Kakao und Backpulver mischen, in eine Rührschüssel sieben. Zucker, Vanillin-Zucker, Salz und Butter hinzufügen. Die Zutaten mit Handrührgerät mit Knethaken gut durcharbeiten, auf der Arbeitsfläche zu einem glatten Teig verkneten. Sollte er kleben, ihn eine Zeit lang kalt stellen. Den Teig auf dem gefetteten Boden einer Springform (Ø 28 cm) ausrollen, mehrmals mit einer Gabel einstechen, mit dem Springformrand backen.

Ober-/Unterhitze:
200–220 °C (vorgeheizt)
Heißluft:
180–200 °C (vorgeheizt)
Gas: etwa Stufe 4 (vorgeheizt)
Backzeit: etwa 15 Minuten.

2. Den Tortenboden vom Springformboden lösen, darauf erkalten lassen, dann auf eine Tortenplatte legen.

3. Für den Biskuitteig Eier und Wasser mit Handrührgerät mit Rührbesen schaumig schlagen. Zucker mit Vanillin-Zucker in 1 Minute einstreuen, dann noch etwa 2 Minuten schlagen. Mehl, Speisestärke, Kakao, Zimt und Backpulver mischen, sieben, portionsweise auf niedrigster Stufe unterrühren. Den Teig in eine gefettete, mit Backpapier belegte Springform (Ø 28 cm) füllen, backen.

Ober-/Unterhitze:
180–200 °C (vorgeheizt)
Heißluft:
160–180 °C (vorgeheizt)
Gas: etwa Stufe 3 (vorgeheizt)
Backzeit: 25–30 Minuten.

4. Den Boden aus der Form lösen, auf einen mit Backpapier belegten Kuchenrost stürzen, erkalten lassen, einmal durchschneiden.

5. Für die Füllung die Kirschen abtropfen lassen. 16 Kirschen beiseite stellen. 250 ml (¼ l) Saft abmessen, die Speisestärke mit 4 Esslöffeln von dem Saft anrühren. Den übrigen Saft zum Kochen bringen. Die angerührte Speisestärke unter Rühren in den Saft rühren, kurz aufkochen lassen. Die Kirschen unterrühren, erkalten lassen, mit Zucker und Kirschwasser abschmecken.

6. Die Sahne mit Sahnesteif, Puderzucker und Vanillin-Zucker steif schlagen. 4 Esslöffel der Sahne in einen Spritzbeutel mit Sterntülle füllen. Die Hälfte der Kirschmasse und ⅓ der Sahne auf den Knetteigboden streichen. Den unteren Biskuitboden auf die Sahne legen, gut andrücken. Mit der restlichen Kirschmasse und der Hälfte der übrigen Sahne bestreichen, mit dem oberen Biskuitboden bedecken. Die Torte ganz mit der restlichen Sahne bestreichen. 16 Stücke markieren, mit der Sahne aus dem Spritzbeutel garnieren. Den Rand und die Oberfläche mit geraspelter Schokolade bestreuen, mit den zurückgelassenen Kirschen garnieren.

Dobos Torte

Zutaten:

Für den Biskuitteig:
7 Eigelb (Größe M)
100 g Zucker
1 Pck. Vanillin-Zucker
5 Eiweiß (Größe M)
50 g Zucker
175 g Weizenmehl
½ gestr. TL Backpulver
50 g zerlassene, abgekühlte Butter

Für die Füllung:
150 g Halbbitter-Kuvertüre
250 g Butter
75 g gesiebter Puderzucker
1 EL Kirschwasser

Für die Karamellglasur:
150 g Zucker

1. Für den Teig Eigelb, Zucker und Vanillin-Zucker mit dem Handrührgerät mit Rührbesen auf höchster Stufe schaumig schlagen. Eiweiß und Zucker steif schlagen, auf die Eigelbcreme geben. Mehl und Backpulver mischen, sieben, in 2 Portionen auf mittlerer Stufe vorsichtig unterheben. Butter unterrühren. Aus dem Teig 6 Böden backen. Dazu auf jeweils 1 Stück Backpapier einen Kreis (Ø 26 cm) zeichnen. Mit dem Teig ausstreichen. Das Papier auf ein Backblech ziehen.

Ober-/Unterhitze:
etwa 200 °C (vorgeheizt)
Heißluft:
etwa 180 °C (vorgeheizt)
Gas: Stufe 3–4 (vorgeheizt)
Backzeit: für jeden Boden etwa 5 Minuten.

Die Böden auf dem Papier einzeln auf einem Kuchenrost abkühlen lassen, erst dann lösen.

2. Für die Füllung die Kuvertüre nach Packungsanleitung auflösen, etwas abkühlen lassen. Butter und Puderzucker geschmeidig rühren, Kirschwasser unterrühren. Kuvertüre langsam hinzufügen und unterrühren. Einen Boden beiseite legen. Die übrigen Böden mit ¾ der Creme bestreichen, zusammensetzen. Den Rand evtl. begradigen, die Torte ganz mit der restlichen Creme einstreichen.

3. Für die Karamellglasur den Zucker in einem Kochtopf karamellisieren lassen (erst rühren, wenn der Zucker anfängt sich zu lösen). Den zurückgelassenen Boden in 12 Stücke schneiden. Die Karamellmasse schnell auftragen, glatt streichen. Den Boden mit einem gefetteten Messer nachschneiden, als oberste Schicht auf die Torte legen, kalt stellen.

Tipp

Im Heißluftherd 3 Böden auf einmal backen.
Die Torte kann 2–3 Tage vor dem Verzehr zubereitet werden. Kühl aufbewahren.

Williamstorte

Zutaten:

Für den Biskuitteig:
2 Eier (Größe M)
2–3 EL heißes Wasser
100 g Zucker
1 Pck. Vanillin-Zucker
75 g Weizenmehl
50 g Speisestärke
1 gestr. TL Backpulver

6–8 EL Birnenbrand
225 g Johannisbeergelee

Für den Belag:
1 Dose Birnen (Abtropfgewicht 460 g)
125 ml (⅛ l) Schlagsahne
1 TL Sahnesteif
1 Pck. Vanillin-Zucker
50 g Zartbitter-Schokolade

1. Für den Teig Eier und Wasser mit Handrührgerät mit Rührbesen auf höchster Stufe in 1 Minute schaumig schlagen, Zucker und Vanillin-Zucker mischen, in 1 Minute einstreuen, dann noch etwa 2 Minuten schlagen. Mehl, Speisestärke und Backpulver mischen, die Hälfte davon auf die Eiercreme sieben, kurz unterrühren. Den Rest des Mehlgemisches auf die gleiche Weise unterarbeiten.

2. Den Teig in eine Springform (Ø 26 cm, Boden gefettet, mit Backpapier belegt) füllen, die Form auf dem Rost in den Backofen schieben.

Ober-/Unterhitze:
180–200 °C (vorgeheizt)
Heißluft:
160–180 °C (vorgeheizt)
Gas: etwa Stufe 3 (vorgeheizt)
Backzeit: 20–30 Minuten.

3. Den Tortenboden aus der Form lösen, auf einen mit Backpapier belegten Kuchenrost stürzen, Backpapier abziehen, Boden erkalten lassen.

4. Den Biskuitboden einmal waagerecht durchschneiden. Den unteren Boden auf eine Tortenplatte legen und mit Birnenbrand tränken.

5. Johannisbeergelee in einem Topf unter Rühren erwärmen. Den getränkten Boden mit einem Teil des Gelees bestreichen und den oberen Boden darauf legen. Tortenrand und -oberfläche mit dem restlichen Gelee bestreichen.

6. Für den Belag Birnen auf einem Sieb abtropfen lassen, in Spalten schneiden und auf die Torte legen, dabei einen kleinen Rand freilassen.

7. Die Sahne mit Sahnesteif und Vanillin-Zucker steif schlagen, in einen Spritzbeutel mit glatter Tülle füllen und den frei gelassenen Rand der Tortenoberfläche damit verzieren.

8. Schokolade in einem kleinen Topf im Wasserbad bei schwacher Hitze zu einer geschmeidigen Masse verrühren, in ein Pergamentpapiertütchen füllen, eine kleine Spitze abschneiden und die Torte mit der Schokolade verzieren.

Lüneburger Buchweizentorte

Zutaten:

Für den Biskuitteig:
5 Eier (Größe M)
2 EL heißes Wasser
150 g Zucker
1 Pck. Bourbon Vanille-Zucker
5–6 Tropfen Bittermandel-Aroma
150 g Buchweizenmehl
1 gestr. TL Backpulver
100 g gemahlene Haselnusskerne

Für die Füllung:
750 ml (¾ l) Schlagsahne
3 Pck. Sahnesteif
2 Pck. Vanillin-Zucker
1 ½–2 Gläser Preiselbeeren (je 400 g)
1 geh. TL Zucker

1. Für den Teig die Eier mit Wasser mit Handrührgerät mit Rührbesen auf höchster Stufe in 1 Minute schaumig schlagen. Zucker mit Vanille-Zucker mischen, in 1 Minute einstreuen, dann noch 2 Minuten schlagen, das Aroma hinzufügen. Buchweizenmehl mit Backpulver mischen, portionsweise mit den Haselnusskernen auf niedrigster Stufe unterrühren. Den Teig in eine gefettete, mit Backpapier belegte Springform (Ø 28 cm) füllen. Die Form auf dem Rost in den Backofen schieben.

Ober-/Unterhitze:
etwa 180 °C (vorgeheizt)
Heißluft:
etwa 160 °C (vorgeheizt)
Gas: Stufe 2–3 (vorgeheizt)
Backzeit: etwa 30 Minuten.

2. Den Boden aus der Form lösen, auf einen mit Backpapier belegten Kuchenrost stürzen, erkalten lassen, zweimal durchschneiden.

3. Für die Füllung die Sahne mit Sahnesteif und Vanillin-Zucker steif schlagen.

4. Den unteren Boden mit ⅓ der Preiselbeeren bestreichen, etwa ¼ der Sahne darauf verstreichen, mit dem mittleren Boden bedecken, mit der Hälfte der Preiselbeeren und Sahne bestreichen. Den oberen Boden auflegen. Den Rand und die Oberfläche der Torte mit Sahne bestreichen. Den Rand mit einem Tortenkamm verzieren. Die restliche Sahne in einen Spritzbeutel mit Sterntülle geben. Die Torte mit der Sahne garnieren. Die zurückgelassenen Preiselbeeren in die Mitte geben.

Tipp

Die Torte kann einen Tag vor dem Verzehr zubereitet werden. Die Torte schmeckt gut durchgezogen am besten.

Mignon-Torte

Zutaten:

Für den Knetteig:
500 g Weizenmehl
2 gestr. TL Backpulver
150 g gesiebter Puderzucker
1 Pck. Vanillin-Zucker
3 Eier (Größe M)
1 Prise Salz
abgeriebene Schale von 1 Zitrone (unbehandelt)
300 g weiche Butter

Für die Füllung:
abgeriebene Schale von 2 Zitronen (unbehandelt)
175 g Zucker
1 Pck. Vanillin-Zucker
2 schwach geh. EL Speisestärke
150 ml Zitronensaft (von 3–4 Zitronen)
3 Eier (Größe M)
200 g weiche Butter

Für den Guss:
225 g gesiebter Puderzucker
4–5 EL Zitronensaft

1. Für den Teig Mehl mit Backpulver mischen, in eine Rührschüssel sieben. Puderzucker mit Vanillin-Zucker, Eiern, Salz, Zitronenschale und Butter hinzufügen. Alle Zutaten mit Handrührgerät mit Knethaken zunächst kurz auf niedrigster, dann auf höchster Stufe gut durcharbeiten, anschließend auf der Arbeitsfläche zu einem glatten Teig verkneten. Sollte er kleben, ihn eine Zeit lang kalt stellen. Etwas Teig dünn ausrollen, 16 kleine Motive (Blätter, Herzen, Rosetten) ausstechen. Die Plätzchen auf ein gefettetes Backblech legen, das Backblech in den Backofen schieben.

Ober-/Unterhitze:
180–200 °C (vorgeheizt)
Heißluft:
160–180 °C (vorgeheizt)
Gas: etwa Stufe 3 (vorgeheizt)
Backzeit: 8–10 Minuten.

2. Den restlichen Teig in 5 Teile teilen, jeweils einen Teig auf dem umgedrehten, gefetteten Boden einer Springform (Ø 28 cm) ausrollen, mehrmals mit einer Gabel einstechen, nacheinander bei gleicher Temperatur wie die Plätzchen backen.
Backzeit: 12–15 Minuten.

3. Die Tortenböden sofort nach dem Backen vom Springformboden lösen, auf einem mit Backpapier belegten Kuchenrost erkalten lassen.

4. Für die Füllung die Zitronenschale in einen Topf geben. Den Zucker mit Vanillin-Zucker und Speisestärke hinzufügen. Zitronensaft hinzugießen und verrühren. Eier hinzufügen, die Masse unter ständigem Schlagen zum Kochen bringen, von der Kochstelle nehmen, nach und nach die weiche Butter unterrühren. Die Creme erkalten lassen, ab und zu durchrühren. Mit der Creme 4 Tortenböden bestreichen (etwas Creme für den Rand zurücklassen), zu einer Torte zusammensetzen, den 5. Boden auflegen und gut andrücken. Den Tortenrand mit der restlichen Creme bestreichen. Die Torte einige Zeit kalt stellen.

5. Für den Guss den gesiebten Puderzucker mit dem Zitronensaft zu einer dickflüssigen Masse verrühren. Mit dem Guss die ganze Torte einstreichen. Die Plätzchen auf den Rand der Tortenoberfläche setzen, die Torte gut durchziehen lassen.

Sachertorte

Zutaten:

Für den Rührteig:
160 g Zartbitter-Kuvertüre
160 g weiche Butter
160 g Zucker
1 Pck. Vanillin-Zucker
6 Eigelb (Größe M)
100 g Semmelbrösel
6 Eiweiß (Größe M)

Für die Füllung und zum Bestreichen:
250 g Aprikosenkonfitüre

Zum Überziehen:
150 g Zartbitter-Kuvertüre
15 g Kokosfett

Zum Garnieren:
50 g Zartbitter-Kuvertüre
1 Msp. Kokosfett

1. Für den Teig die Kuvertüre in kleine Stücke hacken und in einem Topf im Wasserbad bei mittlerer Hitze schmelzen. Die Butter mit Handrührgerät mit Rührbesen auf höchster Stufe geschmeidig rühren. Nach und nach Zucker und Vanillin-Zucker hinzufügen. So lange rühren, bis eine gebundene Masse entstanden ist. Eigelb nach und nach unterrühren (jedes Eigelb etwa ½ Minute). Die flüssige Kuvertüre und die Semmelbrösel auf mittlerer Stufe unter den Teig rühren. Eiweiß steif schlagen, ⅓ unterrühren, den Rest vorsichtig unterheben. Den Teig in eine Springform (Ø 26 cm, Boden gefettet, mit Backpapier belegt) füllen und auf dem Rost in den Backofen stellen.

Ober-/Unterhitze:
etwa 180 °C (vorgeheizt)
Heißluft:
etwa 160 °C (nicht vorgeheizt)
Gas: Stufe 2–3 (nicht vorgeheizt)
Backzeit: etwa 45 Minuten.

2. Nach dem Backen den Tortenboden aus der Form lösen, auf einen mit Backpapier belegten Kuchenrost stürzen, erkalten lassen. Das Backpapier abziehen, einmal waagerecht durchschneiden, den unteren Boden mit der Hälfte der Aprikosenkonfitüre bestreichen und mit dem oberen Boden bedecken, mit der restlichen, durch ein Sieb gestrichenen Konfitüre einstreichen.

3. Zum Überziehen die Zartbitter-Kuvertüre in kleine Stücke hacken und zusammen mit dem Kokosfett in einem Topf im Wasserbad bei mittlerer Hitze schmelzen. Die Torte mit der Kuvertüre überziehen.

4. Zum Garnieren die Zartbitter-Kuvertüre zusammen mit dem Kokosfett in einem Topf im Wasserbad schmelzen, etwas abkühlen lassen. Die Kuvertüre in eine Papierspritztüte füllen und in geschwungenen Buchstaben das Wort „Sacher" auf jedes Tortenstück schreiben.

Sacher
Sacher
Sacher
Sacher

Kuchen & Torten mit Obst

Erdbeerkuchen

Zutaten:

Für den Rührteig:
150 g weiche Butter oder Margarine
150 g Zucker
1 Pck. Vanillin-Zucker
1 Prise Salz
3 Eier (Größe M)
125 g Weizenmehl
25 g Speisestärke
1 gestr. TL Backpulver

Für den Belag:
500 g Erdbeeren
1 Pck. Tortenguss, rot
1 gestr. EL Zucker
250 ml (¼ l) roter Fruchtsaft (Erdbeer-, Himbeer- oder Johannisbeersaft) oder Weißwein

Zum Garnieren:
100–125 ml Schlagsahne
½ Pck. Sahnesteif
½ TL Zucker

Zum Bestreuen:
1 EL gehackte Pistazienkerne

1. Für den Rührteig die Butter oder Margarine mit Handrührgerät mit Rührbesen auf höchster Stufe geschmeidig rühren. Nach und nach Zucker, Vanillin-Zucker und Salz hinzufügen. So lange rühren, bis eine gebundene Masse entstanden ist. Die Eier nach und nach unterrühren (jedes Ei etwa ½ Minute). Mehl mit Speisestärke und Backpulver mischen, sieben und portionsweise auf mittlerer Stufe unterrühren. Den Teig in eine gefettete, bemehlte Obstkuchenform (Ø 30 cm) füllen. Die Form auf dem Rost in den Backofen stellen.

Ober-/Unterhitze:
etwa 180 °C (vorgeheizt)
Heißluft:
etwa 160 °C (vorgeheizt)
Gas: Stufe 2–3 (vorgeheizt)
Backzeit: 25–30 Minuten.

2. Den Kuchen sofort nach dem Backen auf ein Kuchengitter stürzen und erkalten lassen.

3. Für den Belag die Erdbeeren abspülen, entstielen und in Scheiben schneiden. Den Kuchen mit den Erdbeeren von außen nach innen schuppenförmig belegen. Den Tortenguss nach Packungsanleitung, aber mit dem Fruchtsaft oder Wein zubereiten und auf den Erdbeeren verteilen.

4. Zum Garnieren Sahne mit Sahnesteif und Zucker steif schlagen. Die Sahne in einen Spritzbeutel mit mittlerer Lochtülle (Ø 6 mm) geben und an dem inneren Rand in gleichmäßigen Abständen, durch Spritzen von 12 Sahnetuffs, 12 Kuchenstücke markieren. An jeden Tuff weitere Tuffs so aneinander spritzen, dass jeweils ein Dreieck entsteht.

5. Die Pistazienkerne an den Rand des Kuchens streuen.

Birnen-Schoko-Kuchen

Zutaten:

Für den Knetteig:
150 g Weizenmehl
1 Msp. Backpulver
100 g gemahlene Haselnusskerne
100 g Zucker
1 Beutel Rum-Aroma
1 Ei (Größe M)
125 g weiche Butter

Für die Füllung:
50 g Zartbitter-Schokolade

Für den Belag:
750 g Birnen, z. B. Williams Christ
250 ml (¼ l) Weißwein oder Wasser
100 g Zucker
Saft von 1 Zitrone

Für den Guss:
1 Pck. Tortenguss, klar

Zum Bestreuen:
Raspelschokolade

1. Für den Teig Mehl mit Backpulver in eine Schüssel sieben, Haselnusskerne, Zucker, Rum-Aroma, Ei und die weiche Butter hinzufügen.

2. Die Zutaten mit Handrührgerät mit Knethaken zunächst auf niedrigster, dann auf höchster Stufe gut durcharbeiten, anschließend auf der Arbeitsfläche zu einem glatten Teig verkneten, etwa 30 Minuten kalt stellen.

3. Den Teig in zwei Hälften teilen, jede Hälfte auf dem Boden einer Springform (Ø etwa 26 cm, Boden gefettet) ausrollen, beide Böden ohne Springformrand backen.

Ober-/Unterhitze:
180–200 °C (vorgeheizt)
Heißluft:
160–180 °C (vorgeheizt)
Gas: etwa Stufe 3 (vorgeheizt)
Backzeit: 15–20 Minuten.

4. Die Böden sofort nach dem Backen vom Springformboden lösen, aber darauf erkalten lassen.

5. Für die Füllung die Zartbitter-Schokolade schmelzen lassen, einen Knetteigboden damit bestreichen, den zweiten Boden darauf legen.

6. Für den Belag die Birnen schälen, halbieren, das Kerngehäuse entfernen. Weißwein oder Wasser mit Zucker und Zitronensaft erhitzen, die Birnen 8–10 Minuten darin garen (die Birnen müssen noch fest sein), den Saft auffangen, evtl. mit Wein auf 250 ml (¼ l) ergänzen.

7. Die abgekühlten Birnen in Scheiben schneiden, fächerförmig auf dem Tortenboden verteilen.

8. Für den Guss den Tortenguss mit dem Wein nach Packungsanleitung zubereiten, den Kuchen damit überziehen, abkühlen lassen.

9. Den Kuchen mit Raspelschokolade garnieren.

Tipp

Der Kuchen eignet sich auch für beliebiges anderes Obst der Saison. Die Böden können bereits am Vortag gebacken, mit Schokolade bestrichen und aufeinander gelegt werden.

Zutaten:

Für den Knetteig:
150 g Weizenmehl
1 Msp. Backpulver
40 g Zucker
1 Pck. Vanillin-Zucker
100 g weiche Butter oder Margarine

Für den Reisbelag:
500 ml (½ l) Milch
30 g Zucker
3 Tropfen Zitronen-Aroma
1 Prise Salz
125 g Milchreis
3 Eigelb (Größe M)
30 g Zucker
1 Beutel Bourbon Vanille-Aroma
15 g Speisestärke
3 Eiweiß (Größe M)

Für den Obstbelag:
Pfirsichhälften (aus der Dose, Abtropfgewicht 480 g)
1 Pck. gezuckerter Tortenguss
Flüssigkeit siehe Anleitung

125 ml (⅛ l) steif geschlagene Schlagsahne
gebräunte, gehobelte Mandeln

Pfirsich-Reistorte

1. Für den Teig Mehl und Backpulver mischen, in eine Rührschüssel sieben. Die übrigen Zutaten hinzufügen, mit Handrührgerät mit Knethaken zunächst kurz auf niedrigster, dann auf höchster Stufe gut durcharbeiten, anschließend auf der Arbeitsfläche zu einem glatten Teig verkneten. Den Teig auf dem Boden einer Springform (Ø 26 cm) ausrollen, mehrmals mit einer Gabel einstechen. Mit Springformrand hellgelb vorbacken.

Ober-/Unterhitze:
200–220 °C (vorgeheizt)
Heißluft:
180–200 °C (vorgeheizt)
Gas: etwa Stufe 4 (vorgeheizt)
Backzeit: etwa 10 Minuten.

2. Für den Reisbelag Milch, Zucker, Zitronen-Aroma und Salz zum Kochen bringen. Den Reis hineingeben, bei schwacher Hitze in etwa 30 Minuten ausquellen lassen (er muss noch körnig sein), kalt stellen. Eigelb, Zucker und Vanille-Aroma mit Handrührgerät mit Rührbesen auf höchster Stufe schaumig schlagen. Nach und nach Speisestärke und den Reisbrei unterrühren. Das zu steifem Schnee geschlagene Eiweiß unterziehen.

3. Die Reismasse auf den vorgebackenen Boden geben.

Ober-/Unterhitze:
180–200 °C (vorgeheizt)
Heißluft:
160–180 °C (vorgeheizt)
Gas: etwa Stufe 3 (vorgeheizt)
Backzeit: etwa 30 Minuten.

4. Gebäck in der Form auf einem Kuchenrost erkalten lassen, aus der Form lösen.

5. Für den Obstbelag Pfirsiche gut abtropfen lassen, auf der Oberfläche verteilen.

6. Guss nach Packungsanleitung zubereiten, über den Früchten verteilen, fest werden lassen. Torte mit Sahne verzieren. Tortenrand mit Sahne bestreichen, mit den Mandeln bestreuen.

Tipp

Anstelle der Pfirsiche können z. B. auch Sauerkirschen oder Stachelbeeren verwendet werden.

Zutaten:

Für den Teig:
150 g Weizenmehl
½ gestr. TL Backpulver
65 g Zucker
1 Ei (Größe M)
65 g Butter
1 gestr. EL Weizenmehl

Für die Füllung:
1 Pck. Pudding-Pulver Vanille-Geschmack
40 g Zucker
500 ml (½ l) Milch
2 Eier (Größe M)

Für den Belag:
750 g Pflaumen
25 g zerlassene Butter
1 gut geh. EL Zucker
1 EL Vanillin-Zucker

Pflaumenkuchen mit Vanillecreme

1. Für den Teig Mehl mit Backpulver mischen, in eine Rührschüssel sieben. Zucker, Ei und Butter in Stückchen hinzufügen, die Zutaten mit Handrührgerät mit Knethaken gut durcharbeiten.

2. Auf der Arbeitsfläche zu einem Teig verkneten, ⅔ des Teiges auf dem Boden einer Springform (Ø 26 cm, Boden gefettet) ausrollen, unter den Rest des Teiges Mehl kneten, zur Rolle formen, sie als Rand auf den Boden legen, so an die Form drücken, dass ein 3 cm hoher Rand entsteht, den Teigboden mehrmals mit einer Gabel einstechen.

Ober-/Unterhitze:
200–220 °C (vorgeheizt)
Heißluft:
180–200 °C (vorgeheizt)
Gas: etwa Stufe 4 (vorgeheizt)
Backzeit: etwa 15 Minuten.

3. Für die Füllung aus Pudding-Pulver, Zucker und Milch nach Packungsanleitung einen Pudding zubereiten. Eier unterrühren. Creme gleichmäßig auf den Boden streichen.

4. Für den Belag Pflaumen waschen, gut abtropfen lassen, halbieren, entsteinen, an den Spitzen etwas einschneiden, mit der Innenseite nach oben kranzförmig auf die Vanillecreme legen, bei gleicher Temperatur etwa 30 Minuten weiterbacken.

5. Den Kuchen sofort nach dem Backen mit Butter bestreichen, erkalten lassen. Zucker mit Vanillin-Zucker mischen, darüber streuen.

Beigabe: Schlagsahne.

Zitronen-Sahne-Rolle

Zutaten:

Für den Biskuitteig:
4 Eier (Größe M)
3–4 EL heißes Wasser
125 g Zucker
1 Pck. Vanillin-Zucker
75 g Weizenmehl
50 g Speisestärke
1 Msp. Backpulver

Für die Füllung:
4 Blatt weiße Gelatine
3 Stück Würfelzucker
1 Zitrone (unbehandelt)
5 EL Zitronensaft
500 ml (½ l) Schlagsahne
75–100 g Puderzucker

1. Für den Biskuitteig Eier mit Wasser mit Handrührgerät mit Rührbesen schaumig schlagen. Zucker und Vanillin-Zucker mischen, in 1 Minute einstreuen, dann noch etwa 2 Minuten schlagen. Mehl mit Speisestärke und Backpulver mischen, sieben, portionsweise unterheben. Den Teig auf ein gefettetes, mit Backpapier belegtes Backblech streichen. An der offenen Seite des Blechs das Papier unmittelbar vor dem Teig zur Falte knicken, so dass ein Rand entsteht. Das Backblech in den Backofen schieben.

Ober-/Unterhitze:
200–220 °C (vorgeheizt)
Heißluft:
180–200 °C (vorgeheizt)
Gas: etwa Stufe 3 (vorgeheizt)
Backzeit: 10–15 Minuten.

2. Den Biskuit sofort nach dem Backen auf ein mit Zucker bestreutes Geschirrtuch stürzen, das Backpapier mit kaltem Wasser bestreichen und vorsichtig aber schnell abziehen. Den Biskuit von der längeren Seite her mit dem Geschirrtuch aufrollen, kalt stellen.

3. Für die Füllung Gelatine nach Packungsanleitung einweichen. Mit den Ecken des Würfelzuckers die Schale der Zitrone abreiben. Gelatine ausdrücken und mit dem Würfelzucker unter Rühren erwärmen, bis alles gelöst ist. Zitronensaft hinzufügen. Sahne fast steif schlagen und die lauwarme Gelatinelösung unter Schlagen hinzufügen. Die Sahne vollkommen steif schlagen.

4. Die Biskuitrolle vorsichtig auseinanderrollen, mit der Zitronensahne bestreichen und aufrollen. Die Rolle mit gesiebtem Puderzucker bestreuen.

Kirsch-Quark-Kuchen

Zutaten:

Für den Knetteig:
175 g Weizenmehl
1 gestr. TL Backpulver
100 g Zucker
1 Pck. Vanillin-Zucker
5 Tropfen Butter-Vanille-Aroma
½ Pck. Zitronenschale
1 Prise Salz
1 Ei (Größe M)
100 g weiche Butter oder Margarine

Zum Bestreuen:
2 EL Semmelbrösel

Für die Füllung:
1 Glas entsteinte Sauerkirschen (Abtropfgewicht 370 g)
3–4 Äpfel
500 g Speisequark
100 g Zucker
1 Pck. Vanillin-Zucker
½ Pck. Zitronenschale
3 Eier (Größe M)
25 g Weizengrieß
2 EL Schlagsahne

Für den Belag:
1 Pck. Tortenguss, rot
20 g Zucker
250 ml (¼ l) Sauerkirschsaft

1. Für den Teig Mehl mit Backpulver mischen und in eine Rührschüssel sieben. Restliche Zutaten für den Teig hinzufügen, mit Handrührgerät mit Knethaken zunächst kurz auf niedrigster, dann auf höchster Stufe gut durcharbeiten.

2. Anschließend auf der Arbeitsfläche zu einem glatten Teig verkneten. Den Teig eine Zeit lang kalt stellen.

3. Zwei Drittel des Teiges auf einem gefetteten Springformboden (Ø 26 cm) ausrollen. Mehrmals mit einer Gabel einstechen. Springformrand um den Boden legen. Restlichen Teig kalt stellen. Die Form auf dem Rost in den Backofen schieben.

Ober-/Unterhitze:
200–220 °C (vorgeheizt)
Heißluft:
180–200 °C (vorgeheizt)
Gas: etwa Stufe 4 (vorgeheizt)
Backzeit: etwa 15 Minuten.

4. Restlichen Teig zu einer Rolle formen, als Rand auf den Boden legen, so andrücken, dass ein etwa 3 cm hoher Rand entsteht. Den Boden mit Semmelbröseln bestreuen.

5. Für die Füllung Sauerkirschen gut abtropfen lassen. Äpfel schälen, vierteln, entkernen und in grobe Stücke schneiden. Die Hälfte der Sauerkirschen und der Äpfel auf dem Kuchenboden verteilen.

6. Quark, Zucker, Gewürze, Eier, Grieß und Sahne glatt rühren und über den Obstbelag gießen. Die restlichen Apfelstücke auf dem Quarkguss verteilen.

Ober-/Unterhitze:
180–200 °C (vorgeheizt)
Heißluft:
160–180 °C (nicht vorgeheizt)
Gas:
etwa Stufe 3 (nicht vorgeheizt)
Backzeit: etwa 45 Minuten.

7. Den Kuchen nach 2 Stunden aus der Form lösen.

8. Für den Belag restliche Sauerkirschen auf dem Kuchen verteilen. Den Tortenguss mit Zucker und Sauerkirschsaft nach Packungsanleitung zubereiten, über dem Obst verteilen.

Beeren-Strudel

Zutaten:

Für den Strudelteig:
175 g Weizenmehl
6 Tropfen Zitronen-Aroma
1 Prise Salz
1 Ei (Größe S)
1 EL Speiseöl
50 ml lauwarmes Wasser

Zum Bestreichen und Bestreuen:
30 g zerlassene Butter
50 g Semmelbrösel

Für die Füllung:
125 g Crème double
1 Eigelb (Größe M)
1 gestr. EL Pudding-Pulver Vanille-Geschmack
25 g Puderzucker
6 Tropfen Zitronen-Aroma
250 g vorbereitete Johannisbeeren
100 g vorbereitete Blaubeeren
75 g abgezogene, gehobelte, gebräunte Mandeln
1 EL abgezogene, gehobelte Mandeln

Zum Garnieren:
150 g vorbereitete Johannisbeeren
100 g vorbereitete Blaubeeren
Puderzucker

1. Für den Teig das Mehl in eine Rührschüssel sieben. Aroma, Salz, Ei, Speiseöl und Wasser hinzufügen. Die Zutaten mit Handrührgerät mit Knethaken zunächst kurz auf niedrigster, dann auf höchster Stufe gut durcharbeiten. Anschließend auf der Arbeitsfläche zu einem glatten Teig verkneten. Den Teig auf Backpapier in einen heißen, trockenen Kochtopf legen (vorher Wasser darin kochen), mit einem Deckel verschließen und 1 Stunde ruhen lassen.

2. Den Teig auf einem bemehlten großen Tuch dünn ausrollen und mit den Händen zu einem Rechteck von 45 x 50 cm ausziehen. Die dickeren Ränder abschneiden. Den Teig mit der Hälfte der Butter bestreichen und die untere Teighälfte mit den Semmelbröseln bestreuen.

3. Für die Füllung Crème double mit Eigelb, Pudding-Pulver, Puderzucker und Aroma verrühren. Die Beeren und gebräunten Mandeln unterheben. Die Masse auf dem mit Semmelbröseln bestreuten Teigstück verteilen. Den Teig von der bestreuten Seite her aufrollen. Die Teigrolle auf ein mit Backpapier belegtes Backblech legen, zu einem Ring formen, mit der restlichen Butter bestreichen und mit den Mandeln bestreuen. Das Backblech in den Backofen schieben.

Ober-/Unterhitze:
200–220 °C (vorgeheizt)
Heißluft:
180–200 °C (vorgeheizt)
Gas: etwa Stufe 4 (vorgeheizt)
Backzeit: 30 Minuten.

4. Zum Garnieren die Beeren in die Mitte des Strudels geben, den Strudel mit Puderzucker besieben und warm servieren.

Beigabe: Schlagsahne.

Zutaten:

Für den Teig:
750 ml (3/4 l) Milch
150 g Grieß
150 g weiche Butter
200 g Zucker
1 Pck. Vanillin-Zucker
3 Tropfen Zitronen-Aroma
1 Prise Salz
5 Eigelb (Größe M)
30 g Speisestärke
1 Msp. Backpulver
125 g abgezogene, gemahlene Mandeln
30 g fein gehacktes Zitronat (Sukkade)
5 Eiweiß (Größe M)

1 Glas Stachelbeeren (Abtropfgewicht etwa 400 g)
Semmelbrösel

Zum Bestäuben:
Puderzucker

Stachelbeer-Grießkuchen

1. Für den Teig Milch zum Kochen bringen, von der Kochstelle nehmen. Grieß unter Rühren einstreuen, kurz aufkochen und dann abkühlen lassen.

2. Butter mit Handrührgerät mit Rührbesen geschmeidig rühren. Nach und nach Zucker, Vanillin-Zucker und Gewürze hinzufügen. So lange rühren, bis eine gebundene Masse entstanden ist. Eigelb nach und nach unterrühren (jedes Eigelb etwa 1/2 Minute).

3. Den Grießbrei in kleinen Portionen unterrühren. Speisestärke und Backpulver mischen, mit Mandeln und Zitronat unterrühren. Das zu steifem Schnee geschlagene Eiweiß unterziehen und die gut abgetropften Stachelbeeren unterheben.

4. Teig in eine Springform (Ø 28 cm, Boden gefettet, mit Semmelbröseln bestreut) füllen, glatt streichen.

Ober-/Unterhitze:
180–200 °C (vorgeheizt)
Heißluft:
160–180 °C (nicht vorgeheizt)
Gas:
etwa Stufe 3 (nicht vorgeheizt)
Backzeit: 60–70 Minuten.

5. Gebäck aus der Form lösen, auf einem Kuchenrost erkalten lassen, kurz vor dem Servieren mit Puderzucker bestäuben.

Quark-Pie mit Aprikosen

Zutaten:

Für den Knetteig:
200 g Weizenmehl
75 g Zucker
1 Prise Salz
2 EL kaltes Wasser
100 g kalte Butter

Für die Füllung:
50 g Löffelbiskuits
50 g abgezogene, gemahlene Mandeln
250 g Magerquark
2 Eier (Größe M)
75 g Zucker
2–3 EL Zitronensaft
abgeriebene Schale von 1 Zitrone (unbehandelt)
1 Pck. Dessert-Soße Vanille-Geschmack

Für den Belag:
750 g Aprikosen
2 EL Aprikosenkonfitüre
30 g gebräunte, gehobelte Mandeln

1. Für den Teig Mehl in eine Rührschüssel sieben, die restlichen Zutaten dazugeben. Die Zutaten mit Handrührgerät mit Knethaken zunächst kurz auf niedrigster, dann auf höchster Stufe gut durcharbeiten, anschließend auf der Arbeitsfläche zu einem glatten Teig verkneten. Den Teig 2–3 Stunden kalt stellen, zu einer Platte (Ø 32 cm) ausrollen, eine gefettete Pie-Form (Ø 28 cm) damit auslegen, am Rand hochdrücken.

2. Für die Füllung Löffelbiskuits fein zerkrümeln, mit Mandeln vermengen und in die Form geben. Quark mit Eiern, Zucker, Zitronensaft und -schale und Dessert-Soßenpulver verrühren, in der Form verteilen.

3. Für den Belag Aprikosen kurze Zeit in kochendes Wasser legen (nicht kochen lassen), kalt abspülen, enthäuten, halbieren, entsteinen, mit der Wölbung nach oben auf der Quarkmasse verteilen.

4. Die Form auf dem Rost in den Backofen schieben.

Ober-/Unterhitze:
200–220 °C (vorgeheizt)
Heißluft:
180–200 °C (nicht vorgeheizt)
Gas:
etwa Stufe 4 (nicht vorgeheizt)
Backzeit: 40–45 Minuten.

5. Den Kuchen kurz abkühlen lassen. Die Aprikosenkonfitüre durch ein Sieb streichen, den Kuchen damit bestreichen und mit den Mandeln bestreuen.

Beigabe: Schlagsahne.

Gedeckter Apfelkuchen

Zutaten:

Für die Füllung
1 ½ kg Äpfel,
z. B. Boskop oder Gloster
50 g Zucker
1 Pck. Vanillin-Zucker
1 Msp. gemahlener Zimt
30 g Rosinen
50 g Butter
etwa 50 g Zucker

Für den Knetteig:
350 g Weizenmehl
4 gestr. TL Backpulver
70 g Zucker
1 Pck. Vanillin-Zucker
1 Ei (Größe M)
4 EL Milch
150 g weiche Butter oder Margarine

Zum Bestreichen und Bestreuen:
1 Eigelb (Größe M)
1 EL Milch
50 g abgezogene, gehobelte Mandeln

1. Für die Füllung die Äpfel schälen, vierteln, entkernen, in Stücke schneiden, mit Zucker, Vanillin-Zucker, Zimt, Rosinen und Butter unter Rühren leicht dünsten, abkühlen lassen, mit Zucker abschmecken.

2. Für den Teig Mehl mit Backpulver mischen, in eine Rührschüssel sieben. Zucker, Vanillin-Zucker, Ei, Milch, Butter oder Margarine hinzufügen. Die Zutaten mit Handrührgerät mit Knethaken gut durcharbeiten. Anschließend auf der Arbeitsfläche zu einem glatten Teig verkneten, sollte er kleben, ihn eine Zeit lang kalt stellen.

3. Knapp die Hälfte des Teiges dünn ausrollen. Für die Decke eine Teigplatte in Backblechgröße (30 x 40 cm) ausschneiden und auf Papier aufrollen. Den restlichen Teig auf dem gefetteten Backblech ausrollen.

4. Die Füllung auf dem Teig verteilen und die Teigdecke darauf abrollen, an den Rändern andrücken. Eigelb mit Milch verschlagen. Den Teig damit bestreichen, mit den Mandeln bestreuen. Die Teigdecke mehrmals mit einer Gabel einstechen. Das Backblech in den Backofen schieben.

Ober-/Unterhitze:
200–220 °C (vorgeheizt)
Heißluft:
180–200 °C (vorgeheizt)
Gas: etwa Stufe 4 (vorgeheizt)
Backzeit: 20–25 Minuten.

Mandarinen-Schmand-Kuchen

Zutaten:

Für den Quark-Öl-Teig:
300 g Weizenmehl
1 Pck. Backpulver
150 g Magerquark
100 ml Milch
100 ml Speiseöl
75 g Zucker
1 Pck. Vanillin-Zucker
1 Prise Salz

Für den Belag:
2 Pck. Pudding-Pulver Vanille-Geschmack
100 g Zucker
750 ml (¾ l) Milch
500 g Schmand
4 Dosen Mandarinen (je 175 g Abtropfgewicht)
75 g Spaltmandeln

Für den Guss:
200 g Puderzucker
2 EL Zitronensaft

1. Für den Teig Mehl mit Backpulver mischen und in eine Rührschüssel sieben. Die restlichen Zutaten hinzufügen, mit Handrührgerät mit Knethaken auf höchster Stufe in etwa 1 Minute zu einem Teig verarbeiten (nicht zu lange, der Teig klebt sonst).

2. Teig anschließend auf der leicht bemehlten Arbeitsfläche zu einer Rolle formen. Den Teig auf einem gefetteten Backblech (30 x 40 cm) ausrollen. Einen Backrahmen darumstellen.

3. Für den Belag aus Pudding-Pulver, Zucker und Milch nach Packungsanleitung – aber mit den hier angegebenen Zutaten – einen Pudding kochen. Schmand unterheben und die Masse auf den Teig streichen.

4. Mandarinen abtropfen lassen und auf der Pudding-Schmand-Masse verteilen. Mandeln darüber streuen. Das Backblech in den Backofen schieben.

Ober-/Unterhitze:
etwa 180 °C (vorgeheizt)
Heißluft:
etwa 160 °C (nicht vorgeheizt)
Gas:
etwa Stufe 3 (nicht vorgeheizt)
Backzeit: etwa 40 Minuten.

5. Das Backblech auf einen Kuchenrost stellen, den Kuchen erkalten lassen. Den Backrahmen vorsichtig mit Hilfe eines Messers lösen und entfernen.

6. Für den Guss Puderzucker sieben und mit so viel Zitronensaft anrühren, dass ein dickflüssiger Guss entsteht, über den Kuchen sprenkeln.

Mohn-Apfel-Quark-Kuchen

Zutaten:

Für den Hefeteig:
250 g Weizenmehl
1 Pck. Trockenhefe
40 g Zucker
1 Pck. Vanillin-Zucker
1 Prise Salz
5 Tropfen Zitronen-Aroma
125 ml (1/8 l) Milch
50 g zerlassene, lauwarme Butter oder Margarine

Für den Belag:
250 ml (1/4 l) Milch
50 g Weizengrieß
175 g Zucker
1 Pck. Vanillin-Zucker
1 Prise Salz
500 g Magerquark
50 g Butter
2 Eier (Größe M)
2 Pck. (je 250 g) Mohn-Back
375 g geschälte, entkernte, fein geschnittene Äpfel, z. B. Elstar
35 g Rosinen

Für die Streusel:
100 g Weizenmehl
75 g Zucker
1 Pck. Vanillin-Zucker
75 g weiche Butter oder Margarine

1. Für den Teig Mehl in eine Rührschüssel sieben, mit Trockenhefe sorgfältig vermischen. Zucker, Vanillin-Zucker, Salz, Zitronen-Aroma, Milch und Butter oder Margarine hinzufügen.

2. Die Zutaten mit Handrührgerät mit Knethaken zunächst auf niedrigster, dann auf höchster Stufe in 5 Minuten zu einem Teig verarbeiten. Den Teig zugedeckt so lange an einem warmen Ort gehen lassen, bis er sich sichtbar vergrößert hat.

3. Den Teig leicht mit Mehl bestäuben, aus der Schüssel nehmen und auf der Arbeitsfläche kurz durchkneten, dann in einer gefetteten Fettfangschale oder einem gefetteten Backblech (30 x 40 cm) ausrollen. Den Teig zugedeckt nochmals gehen lassen.

4. Für den Belag Milch, Grieß, Zucker, Vanillin-Zucker und Salz in einen Topf geben, unter Rühren aufkochen, dann von der Kochstelle nehmen.

5. Quark, Butter und Eier unterrühren. Die Quarkmasse halbieren, unter die eine Hälfte Mohn, Apfelstücke und Rosinen rühren. Die Mohn-Apfel-Masse auf den Teig streichen, dann die restliche Quarkmasse gleichmäßig darauf streichen.

6. Für die Streusel Mehl in eine Rührschüssel sieben, mit Zucker und Vanillin-Zucker mischen. Butter hinzufügen. Die Zutaten mit Handrührgerät mit Knethaken zu Streuseln von gewünschter Größe verarbeiten.

7. Die Streusel gleichmäßig auf die Quarkmasse streuen. Das Backblech auf dem Rost in den Backofen schieben.

Ober-/Unterhitze:
etwa 180 °C (vorgeheizt)
Heißluft:
etwa 160 °C (nicht vorgeheizt)
Gas: Stufe 2–3 (nicht vorgeheizt)
Backzeit: etwa 35 Minuten.

Torten mit Sahnefüllung

Preiselbeer-Eierlikör-Torte

Zutaten:

Für den Biskuitteig:
4 Eier (Größe M)
2 EL heißes Wasser
160 g Zucker
1 Pck. Vanillin-Zucker
1 TL gemahlener Zimt
30 g Weizenmehl
1 gestr. TL Backpulver
200 g gemahlene Haselnusskerne
60 g geraspelte Schokolade
50 g zerlassene, abgekühlte Butter

Für den Belag:
5–6 EL Preiselbeeren (aus dem Glas)
500 ml (½ l) Schlagsahne
2 Pck. Sahnesteif
1 Pck. Vanillin-Zucker
2 TL Zucker
250 ml (¼ l) Eierlikör

1. Für den Teig die Eier und Wasser mit Handrührgerät mit Rührbesen auf höchster Stufe in 1 Minute schaumig schlagen. Zucker mit Vanillin-Zucker und Zimt mischen, in 1 Minute einstreuen, dann noch etwa 2 Minuten schlagen. Mehl mit Backpulver mischen, auf die Eiercreme sieben, auf niedrigster Stufe unterrühren. Haselnusskerne mit der Schokolade mischen, unterrühren. Zuletzt die Butter hinzufügen. Den Teig in eine gefettete, mit Backpapier belegte Springform (Ø 28 cm) füllen. Die Form auf dem Rost in den Backofen schieben.

Ober-/Unterhitze:
180–200 °C (vorgeheizt)
Heißluft:
160–180 °C (vorgeheizt)
Gas: etwa Stufe 3 (vorgeheizt)
Backzeit: etwa 30 Minuten.

2. Den Boden aus der Form lösen, auf einen mit Backpapier belegten Kuchenrost stürzen, erkalten lassen. Den Boden auf eine Tortenplatte legen.

3. Für den Belag den Boden mit den Preiselbeeren bestreichen (1 cm am Rand frei lassen). Die Sahne mit Sahnesteif, Vanillin-Zucker und Zucker steif schlagen. Die Hälfte der Sahnemasse auf die Preiselbeeren streichen. Die restliche Sahne in einen Spritzbeutel mit Sterntülle füllen. Den Tortenrand damit verzieren. Vor dem Servieren die Tortenmitte mit Eierlikör ausfüllen, den restlichen Eierlikör dazureichen.

Schokoladen-Sahne-Torte

Zutaten:

Für den Biskuitteig:
2 Eier (Größe M)
2 EL heißes Wasser
100 g Zucker
1 Pck. Vanillin-Zucker
75 g Weizenmehl
50 g Speisestärke
1 gestr. TL Backpulver

Für den Guss:
100 g Zartbitter-Schokolade
15 g Kokosfett

Für die Füllung:
750 ml (¾ l) Schlagsahne
100 g Puderzucker
1 Pck. Vanillin-Zucker
2 Pck. Sahnesteif
30 g Kakaopulver

Zum Garnieren:
Kakaopulver
Schokoladenspäne

1. Für den Teig Eier und Wasser mit Handrührgerät mit Rührbesen auf höchster Stufe in 1 Minute schaumig schlagen. Zucker mit Vanillin-Zucker mischen, in 1 Minute einstreuen, dann noch etwa 2 Minuten weiterschlagen. Mehl mit Speisestärke und Backpulver mischen. Die Hälfte davon auf die Eiercreme sieben, kurz auf niedrigster Stufe unterrühren, den Rest des Mehlgemisches auf dieselbe Weise unterarbeiten. Den Teig in eine gefettete, mit Backpapier belegte Springform (Ø 28 cm) füllen. Die Form auf dem Rost in den Backofen schieben.

Ober-/Unterhitze:
180–200 °C (vorgeheizt)
Heißluft:
160–180 °C (vorgeheizt)
Gas: etwa Stufe 3 (vorgeheizt)
Backzeit: 20–30 Minuten.

2. Den Tortenboden aus der Form lösen, auf einen mit Backpapier belegten Kuchenrost stürzen und erkalten lassen. Den Tortenboden einmal durchschneiden.

3. Für den Guss die Schokolade mit dem Kokosfett im Wasserbad auflösen. Den oberen Boden damit bestreichen.

4. Für die Füllung die Sahne mit Puderzucker, Vanillin-Zucker und Sahnesteif steif schlagen, 3 Esslöffel davon in einen Spritzbeutel mit Sterntülle geben. Den gesiebten Kakao unter die restliche Sahne rühren. ¾ der Sahne auf den unteren Boden streichen. Den mit Guss bestrichenen Boden in 12 Stücke schneiden, auf die Schokoladen-Sahne legen, leicht andrücken. Den Rand der Torte mit der restlichen Schokoladen-Sahne bestreichen und mit Kakao bestreuen. Die Torte mit der zurückgelassenen Sahne aus dem Spritzbeutel verzieren und kalt stellen.

5. Zum Garnieren die Schokoladenspäne auf die Tortenmitte geben.

Zutaten:

Für den Teig:
300 g TK-Blätterteig
(4 rechteckige Platten
aus einer 450 g Packung)

Für den Guss:
100 g Johannisbeergelee
100 g gesiebter
Puderzucker
3–4 EL Zitronensaft

Für die Füllung:
1 Glas Sauerkirschen
(Abtropfgewicht 350 g)
25 g Speisestärke
2 Pck. Vanillin-Zucker
500–600 ml Schlagsahne
2 Pck. Sahnesteif
25 g Zucker
1 Pck. Vanillin-Zucker

Holländer Kirschtorte

1. Für den Teig die Blätterteigplatten abgedeckt bei Zimmertemperatur auftauen lassen. Jeweils 1 ⅓ Teigplatten aufeinanderlegen, zu einem Boden (Ø 28 cm) ausrollen, ausschneiden. Auf ein gefettetes, mit Wasser besprenkeltes Backblech legen. Die Böden mehrmals mit einer Gabel einstechen und 15 Minuten ruhen lassen. Das Backblech in den Backofen schieben.

Ober-/Unterhitze:
200–220 °C (vorgeheizt)
Heißluft:
180–200 (vorgeheizt)
Gas: etwa Stufe 4 (vorgeheizt)
Backzeit: 10–15 Minuten.

2. Die Böden lösen und einzeln auf einem Kuchenrost erkalten lassen.

3. Für den Guss das Johannisbeergelee unter Rühren erhitzen. Einen Boden damit bestreichen, antrocknen lassen. Den Puderzucker mit soviel Zitronensaft verrühren, dass eine dünnflüssige Masse entsteht. Den Johannisbeergelee-Boden damit bestreichen. Diesen Boden in 12 Tortenstücke schneiden.

4. Für die Füllung die Sauerkirschen abtropfen lassen, die Flüssigkeit auffangen und 250 ml (¼ l) abmessen. Die Speisestärke mit Vanillin-Zucker mischen, mit 4 Esslöffeln von dem Saft anrühren. Den übrigen Saft zum Kochen bringen. Die angerührte Mischung hineingeben, kurz aufkochen lassen. Die Sauerkirschen unterrühren, die Masse abkühlen lassen.

5. Die Sahne mit Sahnesteif, Zucker und Vanillin-Zucker steif schlagen. 5 Esslöffel in einen Spritzbeutel füllen. Einen der Böden zunächst mit Kirschmasse (1 cm am Rand frei lassen), dann dünn mit Sahne bestreichen. Am Rand einen Sahnering spritzen, mit dem Blätterteigboden bedecken, mit der restlichen Sahne bestreichen, mit dem geschnittenen Boden belegen.

Malakoff-Torte

Zutaten:

Für die Creme:
150 g weiche Butter
125 g feinkörniger Zucker
1 Pck. Vanillin-Zucker
3 Eigelb (Größe M)
150 g abgezogene, gemahlene Mandeln
125 ml (1/8 l) Schlagsahne

250 ml (1/4 l) Milch
1/2 Pck. Vanillin-Zucker
3–4 EL Rum
250 g Löffelbiskuits

250 ml (1/4 l) Schlagsahne
1 TL Zucker
1 Pck. Sahnesteif
kandierte Veilchen

1. Die Butter mit Handrührgerät mit Rührbesen auf höchster Stufe geschmeidig rühren. Nach und nach Zucker, Vanillin-Zucker und Eigelb unterrühren. Die Mandeln und die Schlagsahne unterrühren.

2. Milch mit Vanillin-Zucker und Rum verrühren. Löffelbiskuits kurz in der Milchmischung wenden. Einen Springformrand (Ø 26 cm) mit Alufolie auslegen und auf eine Tortenplatte setzen. Den Boden mit der Hälfte der Löffelbiskuits auslegen. Die Hälfte der Creme darüber streichen. Die restlichen Löffelbiskuits und die restliche Creme darauf geben, glatt streichen und 3–4 Stunden kühl stellen. Den Springformrand lösen.

3. Schlagsahne 1/2 Minute schlagen. Zucker und Sahnesteif mischen, einstreuen. Sahne steif schlagen. Die Torte ganz mit der Sahne bestreichen. In die Oberfläche mit einem Löffel Vertiefungen eindrücken, mit den kandierten Veilchen garnieren.

Tipp

Anstelle der kandierten Veilchen kann die Torte mit kandierten Kirschen und Raspelschokolade garniert werden.

Mokka-Sahne-Torte

Zutaten:

Für den Biskuitteig:
3 Eier (Größe M)
3 EL heißes Wasser
150 g Zucker
1 Pck. Vanillin-Zucker
100 g Weizenmehl
100 g Speisestärke
3 gestr. TL Backpulver

Für die Füllung:
3 geh. TL Instant-Kaffee
50 ml heißes Wasser
750 ml (¾ l) Schlagsahne
3 Pck. Sahnesteif
1 Pck. Vanillin-Zucker
1 ½–2 EL Zucker

Zum Beträufeln:
2 EL Orangenlikör

Zum Bestreichen:
2–3 EL Aprikosen-konfitüre

Zum Garnieren:
30 g Zartbitter-Kuvertüre
etwas Kakaopulver

1. Für den Biskuitteig Eier und Wasser mit Handrührgerät mit Rührbesen auf höchster Stufe in 1 Minute schaumig schlagen. Zucker und Vanillin-Zucker mischen, in 1 Minute einstreuen, dann noch etwa 2 Minuten schlagen. Mehl mit Speisestärke und Backpulver mischen, die Hälfte davon auf die Eiercreme sieben, kurz auf niedrigster Stufe unterrühren, den Rest des Mehlgemisches auf die gleiche Weise unterarbeiten. Den Teig in eine Springform (Ø 28 cm, Boden gefettet, mit Backpapier belegt) füllen. Die Form auf dem Rost in den Backofen stellen.

Ober-/Unterhitze:
180–200 °C (vorgeheizt)
Heißluft:
160–180 °C (vorgeheizt)
Gas: etwa Stufe 3 (vorgeheizt)
Backzeit: 20–30 Minuten.

2. Den Biskuitboden aus der Form lösen, auf einen mit Backpapier belegten Kuchenrost stürzen und erkalten lassen. Das Backpapier abziehen.

3. Für die Füllung den Kaffee in dem Wasser auflösen und erkalten lassen. Sahne mit der Kaffeelösung anschlagen. Sahnesteif mit Vanillin-Zucker und Zucker mischen, nach Packungsanleitung zugeben und die Sahne steif schlagen.

4. Den Biskuitboden einmal durchschneiden, den unteren Boden mit Orangenlikör beträufeln und mit der Aprikosenkonfitüre bestreichen. ⅔ der Mokkasahne bergartig auf den Boden streichen, den oberen Boden auf die Sahne legen und gut andrücken. Die Torte mit der restlichen Mokkasahne bergartig bestreichen. Mit Hilfe eines Esslöffels Vertiefungen in die Sahne drücken.

5. Zum Garnieren die Kuvertüre in einem Topf im Wasserbad schmelzen, etwas abkühlen lassen. Die Kuvertüre in eine Papierspritztüte füllen, Ornamente spritzen und fest werden lassen. Die Torte mit den Ornamenten garnieren und mit Kakaopulver bestäuben.

Zutaten:

Für den Rührteig:
150 g weiche Butter
150 g Zucker
1 Pck. Vanillin-Zucker
½ Fläschchen Rum-Aroma
1 Prise Salz
4 Eigelb (Größe M)
125 g geraspelte Zartbitter-Schokolade
60 g Weizenmehl
2 gestr. TL Backpulver
50 g gemahlene Haselnusskerne
50 g abgezogene, gehackte Mandeln
4 Eiweiß (Größe M)

Für die Füllung:
1–1½ Glas Preiselbeeren
600 g (3 Becher) Schlagsahne
2 Pck. Sahnesteif
2 Pck. Vanillin-Zucker

Zum Garnieren:
Zitronenmelisseblätter
geraspelte Schokolade

Jägertorte

1. Für den Teig Butter mit Handrührgerät mit Rührbesen geschmeidig rühren. Nach und nach Zucker, Vanillin-Zucker, Aroma und Salz unterrühren. So lange rühren, bis eine gebundene Masse entstanden ist. Eigelb und Schokolade nach und nach unterrühren (jedes Eigelb etwa ½ Minute). Mehl und Backpulver mischen, sieben, esslöffelweise auf mittlerer Stufe unterrühren. Haselnüsse und Mandeln hinzufügen. Zuletzt das zu steifem Schnee geschlagene Eiweiß unterheben. Teig in eine Springform (Ø 26 cm, Boden gefettet, mit Backpapier belegt) füllen, glatt streichen.

Ober-/Unterhitze:
180–200 °C (vorgeheizt)
Heißluft:
160–180 °C (nicht vorgeheizt)
Gas:
etwa Stufe 3 (nicht vorgeheizt)
Backzeit: etwa 40 Minuten.

2. Das Gebäck aus der Form lösen, auf einen mit Backpapier belegten Kuchenrost stürzen, erkalten lassen, einmal durchschneiden.

3. Etwa 2 Esslöffel Preiselbeeren zum Garnieren und 3 Esslöffel für die Sahnefüllung beiseite stellen. Die restlichen Preiselbeeren auf den unteren Boden streichen (1 cm am Rand frei lassen). Tortenring darumstellen. Schlagsahne mit Sahnesteif und Vanillin-Zucker nach Anleitung steif schlagen. Unter die Hälfte der Sahnemasse Preiselbeeren (3 EL) rühren, auf die Preiselbeeren im Ring streichen, mit dem oberen Boden bedecken. Tortenring entfernen.

4. Den Rand und die obere Seite der Torte mit 5–6 Esslöffeln der übrigen Sahnemasse bestreichen, mit der restlichen Sahne verzieren, mit Preiselbeeren (2 EL), Zitronenmelisseblättchen und Schokolade garnieren.

Kuchen & Torten mit Cremefüllung

Buttercreme-Zitronen-Torte

Zutaten:

Für den Biskuitteig:
4 Eier (Größe M)
2 EL heißes Wasser
150 g Zucker
1 Pck. Vanillin-Zucker
100 g Weizenmehl
100 g Speisestärke
2 gestr. TL Backpulver

Für die Zitronencreme:
125 g Butter
125–150 g Zucker
4 Eigelb (Größe M)
125 ml (⅛ l) Zitronensaft
(von 3–4 Zitronen)

Für die Buttercreme:
1 Pck. Pudding-Pulver
Vanille-Geschmack
60 g Zucker
500 ml (½ l) Milch
250 g weiche Butter

Zum Garnieren:
50 g Zartbitter-Kuvertüre
1 TL Kokosfett
Zitronenspalten von
1 Zitrone (unbehandelt)
50 g gebräunte
Mandelblättchen

1. Für den Biskuitteig Eier und Wasser mit Handrührgerät mit Rührbesen schaumig schlagen. Zucker und Vanillin-Zucker mischen, in 1 Minute einstreuen, dann noch etwa 2 Minuten schlagen. Mehl mit Speisestärke und Backpulver mischen, sieben, portionsweise unterrühren. Den Teig in eine Springform (Ø 26 cm, Boden gefettet, mit Backpapier belegt) füllen. Die Form auf dem Rost in den Backofen stellen.

Ober-/Unterhitze:
180–200 °C (vorgeheizt)
Heißluft:
160–180 °C (vorgeheizt)
Gas: etwa Stufe 3 (vorgeheizt)
Backzeit: 25–30 Minuten.

2. Den Biskuitboden aus der Form lösen, auf einen mit Backpapier belegten Kuchenrost stürzen und erkalten lassen. Das Backpapier abziehen und den Tortenboden dreimal durchschneiden.

3. Für die Zitronencreme Butter zerlassen, von der Kochstelle nehmen und nach und nach den Zucker unterrühren. So lange rühren, bis sich Zucker und Butter miteinander verbunden haben. Eigelb nach und nach hinzufügen und die Masse im Wasserbad zu einer dicklichen Creme aufschlagen. Zitronensaft unterrühren, unter ständigem Schlagen bis kurz vor den Kochpunkt erhitzen und die Creme erkalten lassen, ab und zu durchrühren.

4. Für die Buttercreme aus Pudding-Pulver, Zucker und Milch nach Packungsanleitung einen Pudding zubereiten, direkt mit Frischhaltefolie bedecken und kalt stellen. Butter geschmeidig rühren und den erkalteten Pudding esslöffelweise darunter rühren.

5. Den unteren Biskuitboden mit der Hälfte der Zitronencreme bestreichen, mit dem zweiten Biskuitboden bedecken, etwas andrücken und mit ⅓ der

Buttercreme bestreichen. Den dritten Boden darauf legen, mit der restlichen Zitronencreme bestreichen, mit dem oberen Boden bedecken und etwas andrücken. Mit der Hälfte der übrigen Buttercreme die Torte ganz einstreichen. Die restliche Buttercreme in einen Spritzbeutel mit Sterntülle (Ø 8 mm) geben und die Torte damit verzieren.

6. Zum Garnieren die Kuvertüre mit dem Kokosfett in einem Topf im Wasserbad schmelzen. Die Zitronenspalten gut trockentupfen, halb in die Kuvertüre tauchen, auf einem Stück Backpapier fest werden lassen und die Torte damit garnieren. Die Mandelblättchen mit Hilfe einer Teigkarte an dem Rand der Torte hochziehen.

Puddingcreme-Kuchen mit Obst

Zutaten:

Für den Knetteig:
175 g Weizenmehl
1 Msp. Backpulver
60 g Zucker
1 Pck. Vanillin-Zucker
1 Ei (Größe M)
100 g weiche Butter

Für die Puddingcreme:
1 Pck. Pudding-Pulver
Vanille-Geschmack
60 g Zucker
500 ml (½ l) Milch
2 Becher (je 150 g)
Crème fraîche
Mandarinenspalten
(aus der Dose,
Abtropfgewicht 350 g)

Für den Guss:
1 Pck. Tortenguss, klar
250 ml (¼ l)
Mandarinensaft
25 g Zucker

1. Für den Teig Mehl mit Backpulver mischen, in eine Rührschüssel sieben. Die übrigen Zutaten hinzufügen, mit Handrührgerät mit Knethaken zunächst kurz auf niedrigster, dann auf höchster Stufe gut durcharbeiten, anschließend auf der Arbeitsfläche zu einem glatten Teig verkneten.

2. ⅔ des Teiges auf dem Boden einer Springform (Ø 26 cm, Boden gefettet) ausrollen, mehrmals mit einer Gabel einstechen. Mit Springformrand hellgelb vorbacken.

Ober-/Unterhitze:
200–220 °C (vorgeheizt)
Heißluft:
180–200 °C (vorgeheizt)
Gas: etwa Stufe 4 (vorgeheizt)
Backzeit: etwa 10 Minuten.

3. Für die Puddingcreme aus Pudding-Pulver, Zucker und Milch nach Packungsanleitung einen Pudding zubereiten, etwas abkühlen lassen, dabei ab und zu umrühren. Crème fraîche unterrühren. Mandarinenspalten zum Abtropfen auf ein Sieb geben. Saft (250 ml) abmessen.

4. Den restlichen Teig zu einer Rolle formen, als Rand auf den Boden legen, so an die Form drücken, dass ein etwa 3 cm hoher Rand entsteht. Die Puddingcreme in die Form geben, glatt streichen, mit Mandarinenspalten belegen, backen.

Ober-/Unterhitze:
180–200 °C (vorgeheizt)
Heißluft:
160–180 °C (nicht vorgeheizt)
Gas:
etwa Stufe 3 (nicht vorgeheizt)
Backzeit: etwa 1 Stunde.

5. Das Gebäck aus der Form lösen, auf einem Kuchenrost erkalten lassen.

6. Für den Guss das Tortengusspulver nach Packungsanleitung mit Mandarinensaft und Zucker zubereiten, auf dem Gebäck verteilen, fest werden lassen.

Nuss-Nougatcreme-Torte

Zutaten:

1 Glas Sauerkirschen
(Abtropfgewicht 370 g)

Für den Rührteig:
125 g weiche Butter oder Margarine
125 g Zucker
1 Pck. Vanillin-Zucker
3 Eier (Größe M)
250 g Weizenmehl
2 gestr. TL Backpulver
3 EL Nuss-Nougatcreme
1 EL Milch

Für den Belag:
3 Blatt weiße Gelatine
250 g Magerquark
50 g Zucker
2 Pck. Vanillin-Zucker
250 ml (¼ l) Schlagsahne

Für den Guss:
1 Pck. Tortenguss, klar
250 ml (¼ l) Kirschsaft

1. Die Sauerkirschen auf einem Sieb abtropfen lassen, den Saft dabei auffangen und 250 ml (¼ l) abmessen.

2. Für den Rührteig Butter oder Margarine mit Handrührgerät mit Rührbesen auf höchster Stufe geschmeidig rühren. Nach und nach Zucker und Vanillin-Zucker unterrühren. So lange rühren, bis eine gebundene Masse entstanden ist. Eier nach und nach unterrühren (jedes Ei etwa ½ Minute).

3. Mehl mit Backpulver mischen, sieben und portionsweise auf mittlerer Stufe unterrühren. ⅔ des Teiges in eine Springform (Ø 26 cm, Boden gefettet) füllen. Sauerkirschen darauf verteilen, dabei etwa 1 cm am Rand frei lassen.

4. Den restlichen Teig mit Nuss-Nougatcreme und Milch verrühren, auf die Kirschen geben, glatt streichen. Die Form auf dem Rost in den Backofen schieben.

Ober-/Unterhitze:
etwa 180 °C (vorgeheizt)
Heißluft:
etwa 160 °C (nicht vorgeheizt)
Gas: etwa Stufe 2–3
(nicht vorgeheizt)
Backzeit: 35–40 Minuten.

5. Den Boden aus der Form lösen und auf einem Kuchenrost erkalten lassen.

6. Für den Belag Gelatine nach Packungsanleitung einweichen. Quark mit Zucker und Vanillin-Zucker verrühren. Die Gelatine ausdrücken, auflösen und unter die Quarkmasse rühren.

7. Sahne steif schlagen und vorsichtig unter die Quarkmasse rühren. Die Quark-Sahnemasse leicht kuppelartig auf den Boden streichen. Die Torte mindestens 1 Stunde kalt stellen.

8. Für den Guss Tortenguss mit Kirschsaft nach Packungsanleitung zubereiten, nach und nach auf der Quarkmasse verteilen.

Tipp

Anstelle der Nuss-Nougatcreme kann auch aufgelöstes Nuss-Nougat verwendet werden.

Frankfurter Kranz

Zutaten:

Für den Rührteig:
200 g weiche Butter oder Margarine
200 g Zucker
1 Pck. Vanillin-Zucker
4 Tropfen Zitronen-Aroma oder ½ Fläschchen Rum-Aroma
1 Prise Salz
5 Eier (Größe M)
150 g Weizenmehl
50 g Speisestärke
3 gestr. TL Backpulver

Für die Buttercreme:
1 Pck. Pudding-Pulver Vanille-Geschmack
100 g Zucker
500 ml (½ l) Milch
250 g Butter

Für den Krokant:
1 Msp. Butter
60 g Zucker
125 g abgezogene, gehackte Mandeln

Aprikosenkonfitüre
Kirschen

1. Für den Rührteig Butter oder Margarine mit Handrührgerät mit Rührbesen auf höchster Stufe geschmeidig rühren. Nach und nach Zucker, Vanillin-Zucker, Zitronen- oder Rum-Aroma und Salz unterrühren. So lange rühren, bis eine gebundene Masse entstanden ist. Eier nach und nach unterrühren (jedes Ei etwa ½ Minute). Mehl mit Speisestärke und Backpulver mischen, sieben, portionsweise auf mittlerer Stufe unterrühren. Den Teig in eine gefettete Kranzform (Ø 24 cm) füllen.

Ober-/Unterhitze:
etwa 180 °C (vorgeheizt)
Heißluft:
etwa 160 °C (nicht vorgeheizt)
Gas: Stufe 2–3 (nicht vorgeheizt)
Backzeit: 35–45 Minuten.

2. Den Kranz etwa 10 Minuten in der Form stehen lassen, dann auf einen mit Backpapier belegten Kuchenrost stürzen und erkalten lassen. Den Kranz zweimal waagerecht durchschneiden.

3. Für die Buttercreme aus Pudding-Pulver mit Zucker und Milch nach Packungsanleitung (aber mit 100 g Zucker) einen Pudding zubereiten, kalt stellen, ab und zu durchrühren. Butter geschmeidig rühren, den Pudding esslöffelweise darunter geben (darauf achten, dass Pudding und Butter die gleiche Temperatur haben).

4. Für den Krokant Butter, Zucker und Mandeln unter Rühren so lange erhitzen, bis der Krokant genügend gebräunt ist. Krokant auf Alufolie geben, erkalten lassen.

5. Die untere Gebäcklage mit Konfitüre bestreichen. Die 3 Gebäcklagen mit Buttercreme zu einem Kranz zusammensetzen.

6. Den Kranz mit Creme einstreichen (etwas zurücklassen), mit Krokant bestreuen, mit zurückgelassener Creme verzieren. Mit Kirschen garnieren.

Tipp

Den Frankfurter Kranz am besten einen Tag vor dem Verzehr füllen.

Bunte Obsttorte (Foto Seite 4)

Zutaten:

Für den Knetteig:
125 g Weizenmehl
1 Msp. Backpulver
50 g Zucker
1 Pck. Vanillin-Zucker
75 g Butter
1 EL Wasser

Für den Biskuitteig:
4 Eier (Größe M)
1 Eigelb (Größe M)
50 g Zucker
1 Pck. Vanillin-Zucker
80 g Weizenmehl
1 Msp. Backpulver

150 g Aprikosenkonfitüre

Für die Buttercreme:
1 Pck. Pudding-Pulver Vanille-Geschmack
75–100 g Zucker
500 ml (½ l) Milch
250 g weiche Butter
30 g Kokosfett
3 EL Orangenlikör

500 g frische, vorbereitete Früchte (z. B. Apfel, Kiwi, Sternfrucht, Orange, Birne)
1 Pck. gezuckerter Tortenguss, klar
250 ml (¼ l) Wasser oder Weißwein
50 g gebräunte, gehobelte Mandeln

1. Für den Knetteig das Mehl in eine Rührschüssel sieben. Die restlichen Zutaten hinzugeben und mit dem Handrührgerät mit Knethaken gut durcharbeiten. Auf einer bemehlten Arbeitsfläche zu einem glatten Teig verkneten, in Folie gewickelt 30 Minuten kühl stellen.

2. Den Teig auf dem Boden einer Springform (Ø 26 cm, Boden gefettet) ausrollen und mit einer Gabel mehrmals einstechen. Mit Springformrand backen.

Ober-/Unterhitze:
etwa 200 °C (vorgeheizt)
Heißluft:
etwa 180 °C (vorgeheizt)
Gas: Stufe 3–4 (vorgeheizt)
Backzeit: etwa 15 Minuten.

3. Den Boden sofort nach dem Backen vom Springformboden lösen, aber darauf erkalten lassen.

4. Für den Biskuitteig Eier und Eigelb mit Handrührgerät mit Rührbesen schaumig schlagen. Zucker und Vanillin-Zucker mischen, in 1 Minute einstreuen, dann noch etwa 2 Minuten schlagen.

5. Mehl und Backpulver mischen, sieben, portionsweise unterarbeiten. Den Teig auf ein gefettetes, mit Backpapier belegtes Backblech (30 x 40 cm) streichen. Sofort backen.

Ober-/Unterhitze:
200–220 °C (vorgeheizt)
Heißluft:
180–200 °C (vorgeheizt)
Gas: etwa Stufe 4 (vorgeheizt)
Backzeit: 8–10 Minuten.

6. Die Biskuitplatte sofort nach dem Backen auf ein mit Zucker bestreutes Stück Backpapier stürzen und erkalten lassen. Den Knetteigboden auf eine Platte legen und mit 1 Esslöffel Aprikosenkonfitüre bestreichen. Das Backpapier von der Biskuitplatte abziehen und mit der übrigen Aprikosenkonfitüre bestreichen.

7. Für die Buttercreme aus Pudding-Pulver, Zucker und Milch nach Packungsanleitung einen Pudding zubereiten, erkalten lassen, ab und zu durchrühren. Die Butter mit Handrührgerät mit Rührbesen geschmeidig rühren und den Pudding (Zimmertemperatur) esslöffelweise unterrühren. Das Kokosfett schmelzen und ebenfalls nach und nach unterrühren. Zuletzt den Orangenlikör nach und nach unterrühren.

8. Die Biskuitplatte mit gut ⅔ der Creme bestreichen und von der kurzen Seite her in 10 gleich große Streifen schneiden.

9. Einen Streifen zu einer Schnecke aufrollen und senkrecht in die Mitte des Knetteig-

bodens stellen. Die übrigen Streifen dicht aneinander spiralförmig darum wickeln. Die ganze Torte mit der übrigen Buttercreme bestreichen.

10. Die Oberseite der Torte mit den Früchten belegen. Den Tortenguss mit Wasser nach Packungsanleitung zubereiten und das Obst damit überziehen.

Den seitlichen Tortenrand mit Mandeln bestreuen und die Torte 2–3 Stunden kalt stellen.

Zitronen-Creme-Torte

Zutaten:

Für den Biskuitteig:
2 Eier (Größe M)
2 EL heißes Wasser
100 g Zucker
1 Pck. Vanillin-Zucker
einige Tropfen Zitronen-Aroma
100 g Weizenmehl
1 gestr. TL Backpulver

Für die Füllung:
1 Pck. Götterspeise Zitrone-Geschmack
150 g Zucker
250 ml (¼ l) Wasser
1–2 EL Zitronensaft
Aprikosenkonfitüre
375–500 ml (⅜–½ l) Schlagsahne
1 Pck. Sahnesteif

1. Für den Teig Eier und Wasser mit Handrührgerät mit Rührbesen auf höchster Stufe in 1 Minute schaumig schlagen. Zucker mit Vanillin-Zucker und Zitronen-Aroma mischen, in 1 Minute einstreuen, dann noch etwa 2 Minuten schlagen. Mehl mit Backpulver mischen. Die Hälfte davon auf die Eiercreme sieben, kurz auf niedrigster Stufe unterrühren. Den Rest auf dieselbe Weise unterarbeiten. Den Teig in eine Springform (Ø 28 cm, Boden gefettet, mit Backpapier belegt) füllen, die Form auf dem Rost in den Backofen schieben.

Ober-/Unterhitze:
180–200 °C (vorgeheizt)
Heißluft:
160–180 °C (vorgeheizt)
Gas: etwa Stufe 3 (vorgeheizt)
Backzeit: etwa 15 Minuten.
Den Tortenboden aus der Form lösen, auf einen mit Backpapier belegten Kuchenrost stürzen und gut auskühlen lassen.

2. Für die Füllung aus 1 Päckchen Götterspeise, Zucker und Wasser nach Packungsanleitung (aber nur mit ¼ l Wasser) eine Speise zubereiten. Zitronensaft unterrühren, erkalten lassen.

3. Den Tortenboden dünn mit Aprikosenkonfitüre bestreichen, auf eine Tortenplatte legen, einen Tortenrand darumlegen. Sahne mit Sahnesteif steif schlagen, ⅓ der Schlagsahne in einen Spritzbeutel füllen. Sobald die Speise anfängt zu gelieren, die übrige Sahne unterheben. Die Creme auf den Biskuitboden füllen, glatt streichen, kalt stellen.

4. Nach etwa 1 Stunde den Tortenrand mit einem Messer lösen, abnehmen. Die Torte mit der Sahne aus dem Spritzbeutel verzieren, noch 1–2 Stunden kalt stellen.

Tipp

Die Torte mit Zitronenscheibenhälften (unbehandelt) oder Zitronenmelisse garnieren.

Donauwellen

Zutaten:

Für den Rührteig:
250 g weiche Butter oder Margarine
200 g Zucker
1 Pck. Vanillin-Zucker
1 Prise Salz
5 Eier (Größe M)
375 g Weizenmehl
3 gestr. TL Backpulver
20 g Kakaopulver
1 EL Milch
etwa 700 g entsteinte Sauerkirschen (aus dem Glas)

Für die Buttercreme:
1 Pck. Pudding-Pulver Vanille-Geschmack
75–100 g Zucker
500 ml (½ l) Milch
250 g weiche Butter

Für den Guss:
200 g Zartbitter-Kuvertüre oder Schokolade
20 g Kokosfett

Zum Garnieren:
100 g Kirschen mit Stiel
50 g weiße Kuvertüre
1 TL Kokosfett

1. Für den Rührteig die Butter oder Margarine mit Handrührgerät mit Rührbesen auf höchster Stufe geschmeidig rühren. Nach und nach Zucker, Vanillin-Zucker und Salz hinzufügen. So lange rühren, bis eine gebundene Masse entstanden ist. Die Eier nach und nach unterrühren (jedes Ei etwa ½ Minute). Mehl mit Backpulver mischen, sieben und portionsweise auf mittlerer Stufe unterrühren. Knapp ⅔ des Teiges auf ein gefettetes Backblech streichen. Kakaopulver sieben, mit der Milch unter den restlichen Teig rühren und gleichmäßig auf dem hellen Teig verteilen. Vor den Teig einen mehrfach geknickten Streifen Alufolie legen. Die Sauerkirschen gut abtropfen lassen und auf dem dunklen Teig verteilen.

Ober-/Unterhitze:
180–200 °C (vorgeheizt)
Heißluft:
160–180 °C (nicht vorgeheizt)
Gas:
etwa Stufe 3 (nicht vorgeheizt)
Backzeit: 35–40 Minuten.

2. Das Gebäck auf einen Kuchenrost stellen und auskühlen lassen.

3. Für die Buttercreme aus Pudding-Pulver, Zucker und Milch nach Packungsanleitung einen Pudding zubereiten. Den Pudding direkt mit Frischhaltefolie abdecken und kalt stellen. Butter geschmeidig rühren und den erkalteten Pudding esslöffelweise darunter rühren. Die erkaltete Gebäckplatte gleichmäßig mit der Buttercreme bestreichen und kalt stellen.

4. Für den Guss die Kuvertüre oder Schokolade in kleine Stücke hacken oder brechen und mit dem Kokosfett in einem Topf im Wasserbad bei mittlerer Hitze schmelzen. Den Guss auf die fest gewordene Buttercreme streichen, evtl. etwas zum Garnieren zurücklassen, und mit Hilfe eines Tortenkamms verzieren.

5. Zum Garnieren die Kirschen waschen und gut abtropfen lassen. Die weiße Kuvertüre in kleine Stücke brechen und mit dem Kokosfett in einem Topf im Wasserbad bei schwacher Hitze unter gelegentlichem Rühren schmelzen. ⅔ der Kirschen halb in die weiße Kuvertüre und die restlichen, nach Belieben, in die zurückgelassene Zartbitterkuvertüre tauchen, gut abtropfen lassen, auf ein Stück Backpapier legen und fest werden lassen. Die Kirschen auf dem Kuchen dekorieren.

Prinzregenten-Torte

Zutaten:

Für den Rührteig:
250 g weiche Butter oder Margarine
250 g Zucker
1 Pck. Vanillin-Zucker
1 Prise Salz
4 Eier (Größe M)
200 g Weizenmehl
50 g Speisestärke
1 gestr. TL Backpulver

Für die Buttercreme:
1 Pck. Pudding-Pulver Schokolade-Geschmack
10 g Kakaopulver
75–100 g Zucker
500 ml (½ l) Milch
250 g Butter

Für den Guss:
100–150 g Schokolade
etwas Kokosfett

6–8 Schokoladentäfelchen

1. Für den Teig die Butter oder Margarine mit Handrührgerät mit Rührbesen auf höchster Stufe geschmeidig rühren, nach und nach Zucker, Vanillin-Zucker und Salz unterrühren. So lange rühren, bis eine gebundene Masse entstanden ist. Die Eier nach und nach unterrühren (jedes Ei etwa ½ Minute). Mehl mit Speisestärke und Backpulver mischen, sieben, portionsweise auf mittlerer Stufe unterrühren. Aus dem Teig 7–8 Böden backen, dafür etwa 2 Esslöffel des Teiges jeweils auf einen gefetteten Springformboden (Ø 28 cm) streichen (darauf achten, dass die Teiglage am Rand nicht zu dünn ist, damit der Boden dort nicht zu dunkel wird), jeden Boden ohne Springformrand hellbraun backen.

Ober-/Unterhitze:
180–200 °C (vorgeheizt)
Heißluft:
160–180 °C (vorgeheizt)
Gas: etwa Stufe 3 (vorgeheizt)
Backzeit: 8–10 Minuten.

2. Die Böden sofort nach dem Backen vom Springformboden lösen und auf einem mit Backpapier belegten Kuchenrost auskühlen lassen.

3. Für die Buttercreme aus Pudding-Pulver, Kakao, Zucker und Milch nach Packungsanleitung (aber mit 75–100 g Zucker) einen Pudding zubereiten, kalt stellen, ab und zu durchrühren.

4. Die Butter geschmeidig rühren, den Pudding esslöffelweise darunter geben. Die einzelnen Böden mit der Buttercreme bestreichen, etwas für den Rand und zum Garnieren zurücklassen, zu einer Torte zusammensetzen, mit einem Boden enden. Den Rand mit einem Teil der zurückgelassenen Creme bestreichen. Die Torte kalt stellen.

5. Für den Guss die Schokolade in kleine Stücke brechen, mit etwas Kokosfett in einem kleinen Topf im Wasserbad bei schwacher Hitze zu einer geschmeidigen Masse verrühren, die Torte damit überziehen. Die Torte kalt stellen.

6. Die restliche Buttercreme in einen Spritzbeutel mit Sterntülle geben und die Torte damit garnieren. Die Torte mit halbierten Schokoladentäfelchen verzieren.

Weincreme-Torte mit Himbeeren

Zutaten:

Für den Knetteig:
125 g Weizenmehl
40 g Zucker
1 Pck. Vanillin-Zucker
1 Prise Salz
80 g Butter

Für den Brandteig:
250 ml (¼ l) Wasser
50 g Butter
1 Prise Salz
1 Msp. Zucker
125 g Weizenmehl
25 g Speisestärke
4–5 Eier (Größe M)
1 gestr. TL Backpulver

Für die Füllung:
500 g Himbeeren
2 Pck. Weißweincreme
2 Eier (Größe M)
50 g Aprikosenkonfitüre
Puderzucker

1. Für den Knetteig Mehl in eine Schüssel sieben, die restlichen Zutaten hinzufügen, mit Handrührgerät mit Knethaken gut durcharbeiten. Anschließend auf der Arbeitsplatte zu einem glatten Teig verkneten. Den Teig auf einem gefetteten Springformboden (Ø 28 cm) ausrollen, mit einer Gabel mehrmals einstechen, mit Springfomrand auf dem Rost in den Backofen schieben.

Ober-/Unterhitze:
200–220 °C (vorgeheizt)
Heißluft:
180–200 °C (vorgeheizt)
Gas: etwa Stufe 4 (vorgeheizt)
Backzeit: 10–15 Minuten.
Den Boden sofort vom Springformboden lösen, aber erst nach dem Erkalten auf eine Tortenplatte legen.

2. Für den Brandteig Wasser, Butter, Salz und Zucker in einem Topf zum Kochen bringen. Mehl mit Speisestärke mischen und sieben, auf einmal in die von der Kochstelle genommene Flüssigkeit schütten, zu einem glatten Kloß rühren. Den Kloß unter Rühren etwa 1 Minute erhitzen, dann sofort in eine Schüssel geben. Eier nach und nach mit Handrührgerät mit Knethaken auf höchster Stufe unterarbeiten. Die Eiermenge hängt von der Teigbeschaffenheit ab. Er muss stark glänzen. Backpulver in den erkalteten Teig rühren. Den Teig in 4 Portionen teilen, aus 3 Portionen Böden backen. Dazu jeweils eine Portion auf den Springformboden (Ø 28 cm, gefettet und bemehlt) streichen. Mit Springformrand in den Backofen schieben.

Ober-/Unterhitze:
200–220 °C (vorgeheizt)
Heißluft:
180–200 °C (vorgeheizt)
Gas: etwa Stufe 4 (vorgeheizt)
Backzeit je Boden:
etwa 15 Minuten.

Die Böden lösen, einzeln auf einem Kuchenrost erkalten lassen. Den restlichen Teig in einen Spritzbeutel mit Lochtülle füllen (Ø 0,5 cm), in Form von Blättern auf ein gefettetes, bemehltes Backblech spritzen, in den Backofen schieben.
Backtemperatur: siehe oben
Backzeit: etwa 10 Minuten.

3. Für die Füllung die Himbeeren verlesen. Weißweincreme nach Packungsanleitung mit Wasser und Eiern zubereiten. Den Knetteigboden mit der Konfitüre bestreichen. Einen Brandteigboden darauf legen, die Hälfte der Weincreme darauf verteilen. Mit ⅓ der Himbeeren belegen. Den zweiten Boden darauf legen, die restliche Creme darauf streichen, mit der Hälfte der übrigen Himbeeren belegen. Mit dem dritten Boden bedecken. Mit den restlichen Himbeeren und den Gebäckblättern garnieren. Vor dem Servieren mit Puderzucker bestäuben.

Ananas-Krokant-Cremetorte

Zutaten:

Für den Biskuitteig:
3 Eier (Größe M)
3–4 EL heißes Wasser
150 g Zucker
1 Pck. Vanillin-Zucker
100 g Weizenmehl
100 g Speisestärke
3 gestr. TL Backpulver

Für die Ananas-Krokant-Creme:
1 Pck. Pudding-Pulver Vanille-Geschmack
500 ml (½ l) Milch
50 g Zucker
1 EL Butter
60 g Zucker
125 g abgezogene, gehackte Mandeln
250 g weiche Butter
500 g Ananasstücke (aus der Dose)
2–3 EL Ananas- oder Aprikosenkonfitüre

1. Für den Biskuitteig Eier und Wasser mit Handrührgerät mit Rührbesen schaumig schlagen. Zucker und Vanillin-Zucker mischen, in 1 Minute einstreuen, dann noch etwa 2 Minuten schlagen. Mehl mit Speisestärke und Backpulver mischen, unterrühren. Den Teig in eine Springform (Ø 28 cm, Boden gefettet, mit Backpapier belegt) füllen. Die Form auf dem Rost in den Backofen schieben.
Ober-/Unterhitze:
180–200 °C (vorgeheizt)
Heißluft:
160–180 °C (vorgeheizt)
Gas: etwa Stufe 3 (vorgeheizt)
Backzeit: 20–30 Minuten.

2. Den Biskuitboden sofort nach dem Backen aus der Form lösen, auf einen mit Backpapier belegten Kuchenrost stürzen und erkalten lassen.

3. Für die Ananas-Krokant-Creme aus Pudding-Pulver, Milch und Zucker nach Packungsanleitung einen Pudding zubereiten. Den Pudding erkalten lassen, ab und zu durchrühren.

4. Butter mit Zucker (60 g) erhitzen, bis die Masse leicht gebräunt und der Zucker gelöst ist. Mandeln hinzufügen, unter Rühren erhitzen, bis der Krokant genügend gebräunt ist. Auf ein geöltes Stück Alufolie geben und erkalten lassen.

5. Die erkaltete Krokantmasse in kleine Stücke zerstoßen. Butter geschmeidig rühren, den Vanillepudding esslöffelweise unterrühren. Unter die Hälfte der Buttercreme die Hälfte des Krokants rühren.

6. Ananas abtropfen lassen, 16 Stücke zum Garnieren zurücklassen.

7. Den Biskuitboden zweimal durchschneiden. Den unteren Biskuitboden mit Konfitüre bestreichen, mit den Ananasstückchen belegen, etwas von der Krokantcreme darauf streichen, mit dem mittleren Biskuitboden bedecken, die restliche Krokantcreme darauf verteilen.

8. Den oberen Biskuitboden darauf legen. Die Torte mit der Hälfte der zurückgelassenen Buttercreme bestreichen. Auf der Tortenoberfläche mit einem feuchten Messer 16 Tortenstücke markieren.

9. Die restliche Buttercreme in einen Spritzbeutel mit Sterntülle füllen und die Torte mit der Buttercreme verzieren. Mit den zurückgelassenen, gut abgetropften Ananasstückchen garnieren, den Tortenrand mit Krokant bestreuen.

Zutaten:

Bienenstich

Für den Hefeteig:
375 g Weizenmehl
1 Pck. Trockenhefe
50 g Zucker
1 Pck. Vanillin-Zucker
1 Prise Salz
1 Ei (Größe M)
150–200 ml lauwarme Milch
50 g zerlassene, abgekühlte Butter oder Margarine

Für den Belag:
150 g Butter
75 g Zucker
1 Pck. Vanillin-Zucker
1 EL Honig
3 EL Schlagsahne
150 g abgezogene, gehobelte Mandeln

Für die Füllung:
2 Pck. Pudding-Pulver Vanille-Geschmack
750 ml (¾ l) Milch
75–100 g Zucker
100 g weiche Butter

1. Für den Teig Mehl in eine Rührschüssel sieben und mit Hefe sorgfältig vermischen. Die übrigen Zutaten hinzufügen und mit Handrührgerät mit Knethaken zunächst auf niedrigster, dann auf höchster Stufe in etwa 5 Minuten zu einem glatten Teig verarbeiten. Den Teig abgedeckt an einem warmen Ort so lange stehen lassen, bis er sich sichtbar vergrößert hat.

2. Für den Belag Butter mit Zucker, Vanillin-Zucker, Honig und Schlagsahne unter Rühren langsam erhitzen, kurz aufkochen lassen. Mandeln unterrühren, die Masse abkühlen lassen, dabei ab und zu umrühren. Den gegangenen Teig nochmals kurz durchkneten, rechteckig ausrollen und in eine gefettete Fettfangschale (30 x 40 cm) legen. Den Belag gleichmäßig auf dem Teig verteilen und den Teig nochmals so lange gehen lassen, bis er sich sichtbar vergrößert hat. Das Backblech erst dann in den Backofen schieben.

Ober-/Unterhitze:
200–220 °C (vorgeheizt)
Heißluft:
180–200 °C (vorgeheizt)
Gas: etwa Stufe 4 (vorgeheizt)
Backzeit: 12–15 Minuten.

3. Das Backblech auf einen Kuchenrost stellen und erkalten lassen.

4. Für die Füllung aus Pudding-Pulver, Milch und Zucker nach Packungsanleitung einen Pudding zubereiten, die Butter sofort unterrühren, den Pudding kalt stellen und ab und zu durchrühren. Die Gebäckplatte vierteln, jedes Viertel waagerecht durchschneiden und mit der Creme füllen.

Tipp

Die Füllung kann anstatt mit Butter mit Schlagsahne zubereitet werden. Dazu 250 ml (¼ l) Schlagsahne steif schlagen und unter den erkalteten Pudding heben. Die Füllung kann zusätzlich geschmacklich verändert werden, indem 1 Glas Sauerkirschen (370 g Abtropfgewicht), gut abgetropft, unter die Füllung gehoben wird.

Kapitelregister

Kuchen & Torten klassisch

Kuchen & Torten mit Obst

Torten mit Sahnefüllung

Kuchen & Torten mit Cremefüllung

HEYNE KOCHBUCH
07/2025

Herausgeber: Genehmigte Lizenzausgabe für den Wilhelm Heyne Verlag,
München, 2001
http://www.heyne.de

Titelgestaltung: Kontur Design GmbH, Bielefeld
Grafisches Konzept: Andrea Kelger, Bielefeld
Gestaltung: MDH Reiner Haselhorst, Bielefeld

Redaktion: Jasmin Gromzik, Miriam Krampitz

Rezeptberatung: Annette Elges, Bielefeld

Fotos: Fotostudio Büttner, Bielefeld
Thomas Diercks, Hamburg
Kramp & Gölling, Hamburg
Bernd Lippert, Bielefeld
Christiane Pries, Borgholzhausen
Fotostudio Toelle, Bielefeld
Brigitte Wegner, Düsseldorf

Satz: Typografika, Bielefeld

Reproduktion: Fröbus Firmengruppe, Köln

Druck: Offizin Andersen Nexö, Leipzig

Die Autoren haben dieses Buch nach bestem Wissen und Gewissen erarbeitet. Alle Rezepte, Tipps und Ratschläge sind mit Sorgfalt ausgewählt und geprüft. Eine Haftung des Verlages und seiner Beauftragten für alle erdenklichen Schäden an Personen, Sach- und Vermögensgegenständen ist ausgeschlossen.

Printed in Germany gedruckt in leipzig

ISBN 3-453-19103-X